U0102347

融媒体版
入眼·入脑·入手
易教·乐学

中等职业教育财经商贸类系列教材
电子商务专业校企合作创新成果

网络营销实务

WANGLUO YINGXIAO SHIWU

主 编◎张成武　王萌萌　林海青
参 编◎杨文艳　梁　洁　马春莲

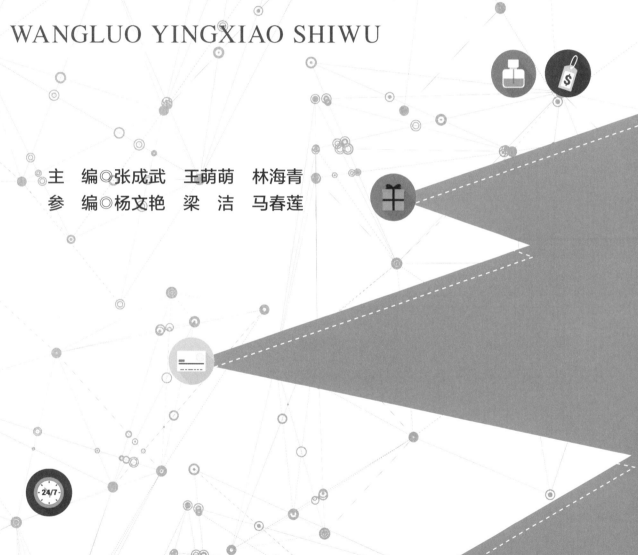

北京师范大学出版集团
BEIJING NORMAL UNIVERSITY PUBLISHING GROUP
北京师范大学出版社

图书在版编目（CIP）数据

网络营销实务／张成武，王萌萌，林海青主编．— 北
京：北京师范大学出版社，2022.1
ISBN 978-7-303-27307-2

Ⅰ．①网…　Ⅱ．①张…　②王…　③林…　Ⅲ．①网络营
销-中等专业学校-教材　Ⅳ．①F713.365.2

中国版本图书馆CIP数据核字(2021)第200836号

营 销 中 心 电 话　010-58802755　58800035
北师大出版社职业教育教材网　http：//zjfs.bnup.com
电 子 信 箱　zhijiao@bnupg.com

WANGLUO YINGXIAO SHIWU

出版发行：北京师范大学出版社 www.bnup.com
　　　　　北京市西城区新街口外大街12-3号
　　　　　邮政编码：100088
印　　刷：天津市宝文印务有限公司
经　　销：全国新华书店
开　　本：889mm×1194mm　1/16
印　　张：10
字　　数：239千字
版　　次：2022年1月第1版
印　　次：2022年1月第1次印刷
定　　价：38.00元

策划编辑：鲁晓双　　　　　　责任编辑：欧阳美玲
美术编辑：焦　丽　　　　　　装帧设计：焦　丽
责任校对：康　悦　　　　　　责任印制：陈　涛

版权所有 侵权必究

前　言

近年来我国电子商务交易额一直保持快速增长的势头，2020年上半年因新冠肺炎疫情的影响，拉动经济增长的投资、出口、消费这三驾马车受到了不同程度的影响，但是受益于国内庞大的消费市场规模及各地持续围绕提振消费出台的一系列举措，消费的作用仍然十分显著，特别是电商行业更是实现逆势增长。在消费升级以及流量增长触碰瓶颈的大背景下，数据显示2020年1—8月全国网络零售额达到70326亿元，创近年来新高，其中实物商品网上零售额58651亿元，同比增长15.8%，电子商务产业的发展迎来了巨大变化。毫无疑问，电子商务正在成为拉动国民经济保持快速可持续增长的重要动力和引擎。随着电子商务行业的崛起，大量传统企业开始争相涌入电子商务领域，对应从业人才的需求也大量增加。

本书以《国家职业教育改革实施方案》精神为指导，以课程思政、德技并修、三教改革为抓手，按照教育部最新的《中等职业学校专业教学标准》统一要求编写而成，其目的是培养具有新媒体技能和网络营销技能的人才。其特色是突破知识体系界线，强调岗位综合能力训练，以工作流程（项目）或专业能力标准来划分项目，即采用"项目"→"任务"→"活动"的方式编写，每个项目设计了2～5个任务，为完成总计19个任务，精心设计了45个活动。全书在任务中贯穿活动，做到讲练结合，每个项目结束，都进行项目小结和实战训练检测，每个任务都安排一个合作实训，每个项目都配有一定量的一体化习题，指导学生真正做到由浅入深、逐步掌握网络营销的知识和技能，使学生在学中做，做中学。

本书由张成武、王萌萌、林海青担任主编，张成武负责统稿审校等工作。全书编写分工如下：项目1、项目2由安徽粮食经济技师学院（安徽科技贸易学校）林海青编写，项目3、项目6由烟台文化旅游职业学院王萌萌编写，项目4由安徽粮食经济技师学院（安徽科技贸易学校）杨文艳编写，项目5由安徽粮食经济技师学院（安徽科技贸易学校）梁洁编写，项目7由烟台文化旅游职业学院马春莲编写。

对中教畅享（北京）科技有限公司、上海网萌网络科技有限公司在编写过程中给予的大力支持表示感谢！

在本书的编写过程中，我们参阅了有关教材、著作和某些网站的网页资料，在此一并表示感谢！

由于编者水平有限，加之时间仓促，书中有不当之处在所难免，恳请广大读者和同行批评、指正。

编　者

目　录
CONTENTS

项目1 走进网络营销

项目概述

在当今互联网时代，每天人们都被各类营销所"侵蚀"，淘宝网店促销、手机银行服务、微信朋友圈广告等。随着现代信息技术的日益普及和电子商务的深入发展，越来越多的企业和营销员加入网络营销的行列，实现足不出户，生意做遍全国甚至全世界的梦想。越来越多的毕业生也加入网络营销的行列，从事网络营销工作。营销员背着皮包行万里路、进千道门、访百家客的传统销售方式正在悄然发生变化。那么，什么是网络营销呢？网络营销为什么受到如此青睐呢？

认知目标

1. 理解网络营销的概念、特点和基本职能。

2. 了解网络营销与传统营销的区别。

3. 熟悉网络营销主要的工作内容。

4. 领会网络营销在企业的职业岗位和相应的能力要求。

5. 掌握网络营销的基本职能及应具备的知识能力。

技能目标

1. 能够举例讲解什么是网络营销。

2. 能够准确描述网络营销主要岗位的工作内容。

3. 能够初步体验网络营销。

素养目标

1. 具备学习网络营销的兴趣。

2. 具有网络营销独立学习的能力。

3. 具备电商职业岗位工作意识。

任务一　初识网络营销

任务概述

李明是安徽某职业学校电子商务专业一年级的学生，毕业后想从事网络营销工作，所以很想在学校学习网络营销技能。新学期伊始，还没接触专业课，李明就加入了学校"电商公社"网络营销兴趣小组。在小组同学的建议和帮助下，他决定先利用两天时间了解一下网络营销基础知识，体验一下身边的网络营销。

任务分解

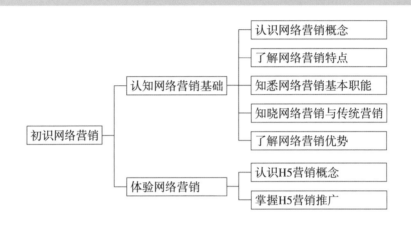

活动一　认知网络营销基础

活动背景

为了能对网络营销有整体上的认识，在兴趣小组同学的帮助下，李明列出了一个学习任务的清单，第一个学习任务就是认识网络营销的真面目。

知识探究

一、认识网络营销概念

网络营销（On-line Marketing或E-Marketing）是以互联网（包括移动互联网）为基础，利用数字化的信息和网络媒体的交互性来辅助营销目标实现的一种新型的市场营销方式。简单地说，网络营销就是以互联网为主要手段进行的，为达到一定营销目的的营销活动。网络营销产生于20世纪90年代，也被称为网上营销、互联网营销、在线营销、数字营销等。网络营销的真正意义和目的在于利用各种互联网工具为企业营销活动提供有效的支持。为更好地认识网络营销，有必要对以下问题进行说明。

1. 网络营销是企业整体营销战略的组成部分

网络营销一方面包括传统营销活动在网络环境下的应用和实现过程；另一方面包括网络环境下特有的、以数字化形式的产品及无形服务为核心内容的各种营销活动。网络营销不独立存在，网络营销作为企业整体营销战略的一个组成部分，与传统市场营销并存，两者同时在营销实践中得到应用与发展。

2. 网络营销不是网上销售

网上销售是企业在网络平台上与消费者开展网上交易的过程。而网络营销则贯穿于企业进行网上经营的整个过程，包括网站推广、信息发布、顾客服务、网上调研、销售促进和网上销售等内容。网上销售只是网络营销的环节之一。

3. 网络营销不等于电子商务

网络营销与电子商务存在密切的联系，但两者也有一定的区别。网络营销是一种营销模式，注重通过开展借助网络平台的营销活动来促进商品交易、提升企业的品牌价值、加强与顾客的沟通及改善对顾客的服务等。电子商务的内涵很广，其核心是基于网络的交易方式和交易过程，比如网上支付、网上交易的安全与法律等。网络营销是电子商务的组成部分。

4. 网络营销不只是建立企业网站

谈到网络营销，许多人会想到建立网站。一般来说，建立网站是很多企业开始网络营销的第一步，而不是网络营销的全部。

二、了解网络营销特点

互联网是开展网络营销的基础，互联网的某些特性使得网络营销呈现出以下特点。

1. 跨时空

互联网具有跨越时间和空间来进行信息交换的特点。基于互联网的网络营销也不再受时间和空间的限制，它使跨时空交易成为可能。借助互联网，企业可以全天候地向世界各地的消费者提供产品和服务。

广告主在传统媒体上进行市场推广一般要经过三个阶段：市场开发期、市场巩固期和市场维持期。在市场开发期，商家要努力获取用户关注，创立品牌知名度；到了市场巩固期，则要及时推广更为详细的产品信息；在市场维持期，商家要和消费者建立较为牢固的联系，以增强品牌忠诚度。网络营销成功实现了将这三个阶段合并在一次广告投放中：消费者看到营销信息，点击后获得详细信息，填写用户资料或直接参与广告主的市场活动，甚至直接在网上实施购买行为。

2. 多媒体

通过互联网传递的信息不仅仅是文字，还可以传递声音、图像、动画等。这些信息通过多媒体被有机地融为一体，以超文本的形式生动地展现给顾客，从而提高网络营销对顾客的影响力。

3. 成长性

随着经济的快速发展，居民的收入水平及消费水平也不断提高，越来越多的居民开始使用互联网；与此同时，越来越多的企业创建了自己的网站，尝试通过网络开展营销活动。

4. 整合性

网络营销可由商品信息至收款、售后服务一气呵成，因此也是一种全程的营销渠道。

5. 可重复性和可检索性

网络营销对声音、文字、画面等进行了完美的结合，可供使用者主动检索，重复观看。相比电视广告让受众被动地接受广告内容，或错过广告时间，就不能再得到广告信息来说传播效率更高。

6. 技术性

网络营销以网络平台为基础，而搭建网络营销平台需要通信技术的支撑。企业要想开展网络营销必须要有相应的技术投入和技术支持，同时还需要拥有营销知识、掌握网络通信技术的复合型人才。

三、知悉网络营销基本职能

网络营销作为一种新的营销模式，其基本职能表现在以下几个方面，如图1-1所示。

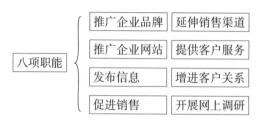

图1-1　网络营销基本职能

1. 推广企业品牌

品牌在很大程度上代表着企业的实力和形象，网络营销的重要功能之一就是在互联网上建立并推广企业的品牌，并利用互联网推动和促进企业品牌的拓展和扩散，提升企业的整体形象。

2. 推广企业网站

对互联网上的产品或服务来说，要想让更多的顾客从互联网的海量信息中获得相关信息并产生购买动机和行为是非常困难的，网站推广的重要性正在于此。为使企业的产品和服务信息被顾客关注并浏览，企业必须做好网站推广工作，让更多的顾客知道并访问企业网站，为网络营销的成功奠定基础。

3. 发布信息

不管是哪种营销模式，都要将特定信息传递给目标群体。互联网为企业发布信息创造了优越的条件，网站是企业发布信息的重要平台。此外，企业还可以利用论坛、电子邮件、微信等工具或其他网络服务提供商发布信息。信息发布是网络营销的基本职能。

4. 促进销售

网络营销的另一个功能是通过使用各种针对性强的网上促销手段来实现增加销售的目的，比如有奖促销、拍卖促销、免费促销等。这些促销方法和手段并不限于网上销售，它对促进线下的销售同样很有价值。

5. 延伸销售渠道

网上销售是企业销售渠道在网上的延伸。一个具备网上交易功能的企业网站本身就是一个网上交易场所，网上销售渠道建设并不限于企业网站本身，还包括建立在专业电子商务平台上的网上商店，以及与其他电子商务网站不同形式的合作等。

6. 提供客户服务

在网络营销过程中，企业通过常见问题解答、电子邮件、论坛和各种即时通信工具等为客户提供各种服务，提高客户的满意度，增进企业与客户的关系。客户服务质量对于网络营销效果具有重要影响。

7. 增进客户关系

通过网站的交互、客户信息反馈表、客户调查表、对客户的承诺等方式，在为客户服务的同时，也增进了与客户的情感关系。

8. 开展网上调研

网上调研是企业获取信息、提升经营能力的重要手段。企业通过在线调查表或者电子邮件等方式，可以完成网上市场调研。相对传统市场调研，网上调研具有高效率、低成本的特点。

网络营销的各个功能之间是相互联系、相互促进的，其最终目的是充分协调和发挥各种功能，以便更好、更及时地满足客户的需求，实现网络营销的整体效益最大化。

四、知晓网络营销与传统营销

传统营销以实体市场的线下交易为主，而网络销售以虚拟市场的在线交易为主。网络营销与传统营销是构成企业整体营销战略的重要组成部分，网络营销是在网络环境下对传统营销的拓展和延伸，它与传统营销有着内在的必然联系，但在手段、方式、工具、渠道以及营销策略方面有着本质的区别，如图1-2所示。

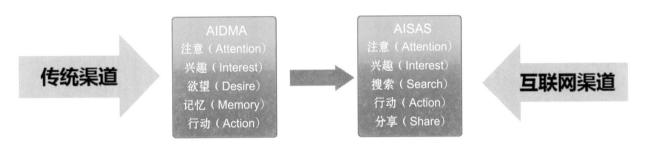

图1-2　网络营销与传统营销

五、了解网络营销优势

随着互联网的应用和发展，网络营销的优势和吸引力越来越强。

1. 网络营销可以满足消费者的个性化需求

网络营销是一种以消费者为导向，强调个性的营销方式。其最大特点在于以消费者为主导，消费者将拥有更大的选择自由，可根据自己的个性需求在全球范围内寻找商品，不受地域限制。通过进入感兴趣的企业网站或网店，消费者可以获取更多的产品和相关信息，使购物更显个性化。消费者甚至可以定制所需的产品，参与产品的设计。

2. 网络营销可以有效地服务消费者，满足消费者的需要

网络营销是一种凸显消费者个性化的营销方式，各营销环节更能体现以消费者为中心。企业可以利用网络提供背景知识让消费者自我学习，培养他们成为企业产品消费和使用方面的专家。通过消费者反馈信息，了解消费者对企业产品的满意程度、消费偏好以及对新产品的反应等。

3. 网络营销具有极强的互动性，有助于企业实现全程营销

网络营销可从产品信息的搜索、营销策略的制定、产品销售的实现到售后服务一气呵成，实现全程的营销。企业可以通过网络博客、在线社区、电子邮件等方式，加强与消费者之间的联系。企业还可以有效地了解消费者的需求信息，从而建立数据库进行管理，利用这些信息，为营销规划提供依据。

4. 网络营销有助于企业降低成本

通过互联网进行信息交流，可以减少营销的印刷与邮递成本。通过网络媒体进行市场调研、发布广告等也可以减少营销人员的差旅费用和促销费用。

5. 网络营销能够帮助企业增加销售商机、促进销售，提高市场占有率

互联网可以提供全天候的广告及服务，帮助企业增加销售机会；可以将广告与订单连在一起，方便顾客购买，实现促进销售的目的；可以联通国际市场，消除影响销售的时间和空间障碍，使企业走出国门，提高企业的市场占有率。

（📷）活动二 体验网络营销

▌▌▌ 活动背景

在前面已经了解了什么是网络营销，李明明白了网络营销无处不在。每时每刻我们都可以在朋友圈中看到各种各样的H5，不停被H5刷屏……李明打开自己的朋友圈，体验了一下H5营销。

▌▌▌ 知识探究

一、认识H5营销概念

H5是指第5代HTML（超文本标记语言），是一种高级网页技术，也指用H5语言制作的一切数字产品。通俗地说，H5是一种创建网页的方式。它会让手机网页看上去更炫酷，功能也更丰富多彩。

H5应用场合主要包括以下几个方面。

①微营销：优惠券、刮刮卡、大转盘、投票调查、小游戏等。

②商业展示：企业宣传、产品展示、品牌传播、活动促销等。

③会议活动：会议、展览会、发布会、企业招聘等。

④出版教育：电子杂志、多媒体课件、培训课程等。

⑤电子贺卡：商业贺卡、节日贺卡、生日贺卡、祝福卡等。

⑥个人应用：个人秀、婚礼邀请、求职简历等。

二、掌握H5营销推广

H5营销推广主要有三种形式。

1. 活动运营式

为活动推广运营而打造的 H5 页面是最常见的类型，形式多变，包括优惠活动、游戏、邀请函、贺卡等。与传统广告不同，在场景设计上要有更具讨论性的话题和更强的互动来吸引消费者分享和传播。

2. 品牌宣传式

品牌宣传 H5 页面类似于一个品牌的微官网，更倾向于品牌形象塑造和品牌精神的宣传。在设计上需要运用符合品牌气质的视觉语言，在提升品牌影响力的同时带来持续的口碑传播。

3. 产品介绍式

聚焦于产品功能介绍，运用 H5 的互动技术优势尽情展示产品特性。在设计上要将产品的功能特性抽象到生活方式或者精神追求的层次，只有这样才能与消费者产生共鸣，吸引消费者购买。

合作实训

①请同学们在已掌握的网络营销知识的基础上，找几个知名电商网站，看看什么是网络营销，网络营销主要做哪些事情。

②根据表1-1所示的活动评价项目及标准总结自己的学习成果。

表1-1 项目评价表

评价项目	收集网络营销基本信息（40%）	分析、比较、讨论表现（40%）	职业素养（20%）
评价标准	1. 信息合理、有效、完整 2. 信息比较完整 3. 信息不完整	1. 积极参与、有主见 2. 参与主动性一般 3. 不积极参与、没有自己的主见	1. 大有提升 2. 略有提升 3. 没有提升
自己评分			
小组评分			
教师评分			
总得分			

了解二维码营销

微信营销

任务二　认知网络营销岗位

任务概述

经过两天的学习，李明对网络营销基础知识有了基本的了解，他对自己未来的就业很关心，希望能够进一步了解相关信息，很想了解目前网络营销人才需求情况和网络营销岗位的日常工作内容，以便为以后从事网络营销相关工作、明确未来的职业目标奠定基础。

任务分解

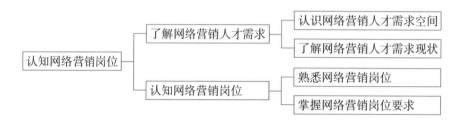

活动一　了解网络营销人才需求

活动背景

近年来，随着全球电子商务快速发展，国内企业纷纷尝试发展电子商务，网络营销人才需求更加趋紧。为了毕业后能很好地就业，提升就业质量，李明想先通过调查深入了解当前网络营销人才需求信息，从而为自己向网络营销方向发展做好就职前准备。

知识探究

一、认识网络营销人才需求空间

随着互联网技术与电子商务的快速发展，互联网未来的发展趋势已经奠定了网络营销人才需求旺盛的基础。网络营销人才集互联网技术和营销技能双剑合一，受到企业的欢迎。与网络营销市场的蓬勃发展相比，网络营销人才稀缺。在各大招聘网站的排行榜上招聘最多的行业是互联网和营销相关职业，网络营销人才已成为企业抢夺的稀缺人才，有的企业甚至开出百万年薪招聘实战网络营销人才。

二、了解网络营销人才需求现状

1. 网络营销人才需求现状

据网经社电子商务研究中心（i100EC）发布的《2020年度中国电子商务人才状况调查报告》显示，被调查企业中，51.02%的企业急需淘宝天猫等传统运营人才，47.96%的企业急需新媒体、内容创作、社群方向人才，46.94%的企业急需主播（助理）、网红达人方向人才，39.8%的企业急需客服、地推、网销等方向人才，22.45%的企业急需专业数据分析与应用人才。可以看出，新媒体、社群、主播、地推、网销等方向的网络营销人才需求非常强劲，成为2020年度电商企业最急需人才之一。

艾瑞咨询和阿里巴巴旗下的阿里学院联合发布了电子商务行业首份《中国电子商务从业人员职业发展及薪酬研究报告》。报告显示电子商务行业已经成为高薪行业，从业人员月均收入水平目前已经超过传统行业整体水平。

2. 网络营销人才需求定位

网络营销人才应该是身兼网络技术与市场营销技巧的复合型人才。优秀的网络营销人员应熟悉网络消费行为和心理、互联网发展背景与趋势、网络营销专业知识，熟知各种网络营销产品的功能与价值，还需懂英语、市场、营销等知识，并富有工作经验。

调查结果显示，在网络营销人才应具备的各项素质中，学习能力、工作执行能力、行业敏锐度与创新能力、专业知识和技能、责任心和敬业度、团队协同合作能力等占比较高。电商企业发展非常快，新思维、新技术、新形态不断涌现，这就要求员工对行业有较强的敏锐度和学习能力，同时要有强大的执行能力，能把学到的知识和技能快速落地。

（）活动二　认知网络营销岗位

活动背景

在每周的网络营销兴趣小组学习交流活动中，李明经常看到一些企业的营销推广活动，如淘宝"双十一"促销、微信银行服务等。李明对网络营销充满好奇，他很想知道这个岗位是如何成功策划这么多有意思的活动的，也想了解一下网络营销岗位的日常工作内容及要求，为毕业后从事网络营销相关工作做好准备。

知识探究

一、熟悉网络营销岗位

企业开展网络营销，需要大量具有专业能力的网络营销人才，其中网络市场调研员、网站推广员、网络促销员、网络广告员、在线客服等职位最为热门。

1. 网络市场调研员

网上调研就是通过在线调查表或电子邮件等方式完成网上市场调研。它具有高效率、低成本的特点，是网络营销的主要职能之一。

网络市场调研员主要从事以下工作：

①根据企业经营需求制订市场调研计划。

②根据调研任务选择合适的调研方法并设计调研问卷。

③利用有效的方法实施网上调研。

④分析整理信息并撰写市场调研报告。

2. 网站推广员

网站推广是网络营销最基础的工作之一，它利用网络营销的方法来扩大站点的知名度，增加访问量，从而达到宣传企业和企业产品的效果。

网站推广员从事的主要工作：

①熟悉网站推广流程，撰写网站推广策划书。

②熟悉各种网站优化技术和方法。

③熟悉通用的网络推广方法。

3. 网络促销员

网络促销就是将企业的产品通过互联网进行销售，熟练运用网络及其他宣传媒介进行网站的宣传推广。

网络促销员从事的主要工作：

①分析网络信息的接收对象，合理制订促销计划。

②制定网络促销方案。

③对市场促销推广活动进行效果评估。

4. 网络广告员

网络广告是向互联网用户传递营销信息的一种手段，是网络营销主要的方法之一。

网络广告员主要从事以下工作：

①能够使用常用软件工具策划、制作并发布产品宣传广告。

②撰写网络广告文案。

③熟练应用多种网络工具发布商务信息。

5. 在线客服

在线客户服务是利用网上服务工具向消费者提供有关产品、公司情况等信息，使企业与顾客在网上进行交流与沟通，实现双向互动。

在线客服主要从事以下工作：

①能够制定网站客户的服务流程。

②能够制定不同类型的客户关系管理策略。

③运用多种在线服务工具回复常见的客户问题。

④处理各种表单反馈的信息。

⑤熟悉整个交易流程，了解售前、售中、售后过程中可能出现的问题及解决方法。

二、掌握网络营销岗位要求

网络营销是由很多琐碎而且重复的环节组成的，缺乏知识、能力和一定素养的人很难长期坚持下去，从而使网络营销效果大打折扣。

1. 知识要求

（1）计算机网络知识

尽管网络营销不能归类为技术型工作，但网络营销离不开一定的技术背景，反过来说，有技术背景的网络营销人员更容易达到专家的水平。网络营销与网页制作、数据库应用等技术密不可分，网络营销人员不一定要成为计算机高手，但是对于一些与网络营销直接相关的计算机网络知识应该有一定的了解，这样才能更好地理解和应用网络营销。

（2）市场营销知识

网络营销人员就是要对企业的市场营销活动进行计划、组织和实施。因此，具有一定的市场营销技能是营销人员完成自己本职工作的前提和基础。作为一个优秀的网络营销人员，既要具备丰富的营销实战经验，使自己成为企业内的营销专家，又要对营销市场具有很强的预测能力，以便准确地把握市场机会。

（3）国际贸易知识

目前，国内中小企业的电子商务应用主要模式是通过电子商务网络平台进行贸易活动，既经济又高效。对于网络营销人员来说，他们应具备的能力除了会使用某一贸易平台外，还要能够对众多的贸易平台进行价值分析，掌握网络沟通的技巧和贸易知识；同时，还要求网络营销人员对本企业产品有比较专业的认识和了解，能够为客户提供更多的专业咨询，这将有助于网络营销人员的业务开展；对于外贸企业的网络营销人员来说，还要求他们有一定的外语水平。

2. 能力要求

（1）持续学习能力

互联网环境和技术的发展变化很快，网络营销学习和应用尤其如此。从业人员必须不断补充新知识，熟悉并了解互联网的变化与新技术，要保持终身学习的心态，培养自己持续学习的能力。

（2）文字表达能力

文字交流是信息传播的主要方式。文字表达能力也是从事一切营销活动的基本能力之一。小到产品介绍资料、广告文案、企业新闻，大到企业营销策划方案和研究报告等都离不开文字表达。因此，网络营销人员必须有较好的文字表达能力。

（3）交流沟通能力

从本质上来说，网络营销的最主要任务是利用互联网的手段促成营销信息的有效传播，而交流本身也是一种有效的信息传播方式，互联网上提供了很多交流的机会，如论坛、博客等。

（4）思考总结能力

网络营销工作绝非简单的销售，比如，网站访问量统计分析是网络营销管理的基础工作之一，一个专业的网络营销人员，如果只能从统计数据中看出网站有多少人访问，访问者来自哪里，是远远不够的。从基本数据中归纳总结出深层次的问题，才是专业网络营销人员应该具备的素质。只有具备了思考总结的能力，才有可能通过对实践问题的分析总结，发现网络营销的一般规律，更好地指导实践。

（5）资源利用能力

互联网上有各种各样的资源，如搜索引擎、网络营销工具、电子刊物、供求信息平台、调查咨询公司、专业媒体网站等。要学会根据营销信息的传播方式，利用各种资源为营销成功搭建平台。

（6）用户体验能力

营销是一门新兴的学科，本身还在不断发展之中，随着网络环境的不断变化，网络营销的方法也在随之演进。很多时候，很难判断某种做法是否合适，只有更多地站在消费者的角度来体验，才能更深入地理解网络营销。

（7）资料收集能力

制定网络营销策略时，要研究一些同类网站的基本内容、风格、在搜索引擎中的排名情况等，这就涉及资料的收集问题。如果能在与工作相关的领域收集大量有价值的资料，那么对自己的工作来说将是一笔巨大的财富。

（8）问题诊断能力

问题诊断能力指认知问题、选择备选方案并确定最终解决方案去有效解决问题的一种能力。问题的本质并不像其表象那样直接，往往需要网络营销人员分析研究才能找到根本原因。优秀的网络营销人员必须具备迅速找到问题根本原因的能力。

3. 素质要求

（1）敬业精神

网络营销人员必须具有积极的心态才能迎接各种挑战，更重要的是，网络营销人员还应该具备崇高的敬业精神，热爱企业，与企业保持共荣辱的关系，勇于进取，积极向上。

（2）责任意识

责任心决定了一个人的处事态度，只有具有很强责任心的网络营销人员才能在工作中尽心尽力，才能对销售任务的完成全力以赴。当企业将一个市场交给你的同时，也意味着将这个市场的命运、客户的发展和你个人的发展机会交给了你。一个有责任心的销售人员会千方百计地努力完成自己的工作，而一个没有责任心的销售人员则会得过且过。因此，责任决定态度，态度决定一切。

（3）诚实守信

网络营销人员必须具有良好的道德品质并且讲究信用。以诚心对待客户，找到客户需求，在维护企业利益的同时站在客户立场上考虑问题，诚心为客户服务，帮助客户发展，不能急功近利，要实事求是，说到做到，并让客户感受到你的诚心。营销人员真诚地和客户交往一次、两次后，客户就会理解你、尊重你，最终他们会慢慢转变，积极主动配合，这样才能达到你的最终目的。

（4）开朗乐观

性格开朗的人比性格内向的人更懂得如何与其他人沟通，能更熟练、准确地将自己的意图表达出来，并能准确地理解他人的想法。反之，一个性格内向、闷声不响的人连自己的想法都不愿表达，又怎能有效地将企业的产品信息传达给消费者呢？性格开朗会使人在沟通中更具主动性，而主动性是网络营销人员所必需的。

（5）坚韧不拔

营销工作实际是很辛苦的，这就要求网络营销人员具有吃苦耐劳的韧性。他们要不断地去拜访客户、协调客户，但随时都有可能面对一次又一次的拒绝和失败。营销工作绝不是一帆风顺的，会遇到很多困难，因此营销人员要有解决困难的信心和耐心，要有百折不挠的精神。

知识链接

优秀的网络营销人员应该是懂市场、懂技术、懂网络整合营销、懂网站运营和推广，会动手、有策略的复合型网络营销人才。

①不做流水线上的搬运工，第一步要做到的就是思考，勤于思考才能为以后成才铺垫基石。②头脑灵活，有自己独特的见解。做网络营销，策略上讲究出其不意，攻其不备，巧妙又不突兀，这就要求网络营销人员具备头脑灵活的特点，且对常用以及少见的营销策略有自己独特的看法。③过硬的专业能力以及应变能力。实时掌握更新的动态数据，及时补充知识才能确保专业能力，让自己不被淘汰，适应时代的发展。另外需要具备一定的应变能力，才能确保网络营销的正常开展。④有计划性，有执行力。要成为网络营销能手，在进行项目操作前需要制订合适的计划，具体能够获取多少流量与转化，要达到什么样的预期效果，都应该是在计划之内的。制订了合理的计划之后，就需要强有力地去执行。

合作实训

①浏览常见的人才网，并通过人才网收集招聘信息。

②收集网络营销人才需求信息。

③分析网络营销人才需求的主要岗位、岗位职责和岗位素质要求。

④根据表1-2所示的活动评价项目及标准总结自己的学习成果。

表1-2 项目评价表

评价项目	收集网络营销人才需求信息（40%）	现场分析的表述（40%）	职业素养（20%）
评价标准	1. 信息合理、有效、完整 2. 信息比较完整 3. 信息不完整	1. 全面、精准、有主见 2. 简明、扼要、基本到位 3. 表述不流畅、脱离主题	1. 大有提升 2. 略有提升 3. 没有提升
自己评分			
小组评分			
教师评分			
总得分			

项目小结

本项目由初识网络营销和认知网络营销岗位两项任务组成，重点介绍了网络营销的概念、特征、基本职能，探寻生活中的网络营销，目前网络营销人才需求情况，以及网络营销岗位工作内容及要求。通过学习，培养个人网络营销职场意识，为在网络营销行业就业奠定基础。

项目检测

一、单选题

1. 网络营销是指借助于（   ）来实现营销目标的一种营销方式。

A. 移动、计算机和数字媒体技术

B. 网络、通信和数字媒体技术

C. 移动、通信和数字媒体技术

D. 网络、计算机和数字媒体技术

2. 网络营销就是（   ）。

A. 营销的网络化

B. 以网络等为主要手段进行的营销活动

C. 在网上销售产品

D. 在网上宣传本企业的产品

3. 通过互联网传递的信息不仅仅是文字，还可以传递声音、图像、动画等，这体现网络营销的（   ）特点。

A. 跨时空　　　　　B. 技术性　　　　　C. 多媒体　　　　　D. 整合性

4. 网络营销人才应该是身兼（   ）的复合型人才。

A. 计算机技术与沟通技能　　　　　B. 市场营销技能与财务技能

C. 网络技术与直播营销技能　　　　D. 网络技术与市场营销技能

二、判断题

1. 网络营销不等于电子商务。（　　　）

2. 网络营销就是网上销售。（　　　）

3. 网络营销的优势只是对企业而言的，对消费者没有任何优势。（　　　）

4. 网络营销是企业整体营销战略的组成部分。（　　　）

5. 网络营销岗位只包括网络市场调研、网站推广、网络广告这些岗位。（　　　）

三、简答题

1. 什么是网络营销？网络营销与传统营销有什么区别？

2. 简述网络营销的基本职能。

3. 网络营销的优势有哪些？请简单举例说明。

四、实训题

实训目标：了解当前网络营销人才的需求情况及岗位要求，结合自己的兴趣，设计自身的职业规划。

实训内容：

①登录招聘类网站查询电子商务热门岗位。

②查询热门岗位的知识、技能、素养要求。

③从表1-3中选择一个你最喜欢的网络营销岗位并查询其晋升岗位的知识、技能、素养要求，设计自己的职业规划。

表1-3　网络营销岗位及晋升岗位的知识、技能、素养

就业岗位	所需知识	相应技能	具备的素养
网络市场调研员			
网站推广员			
网络促销员			
网络广告员			
在线客服			

项目2 认识搜索引擎营销

项目概述

搜索引擎不仅是为用户提供信息检索服务的重要工具，同时也是网络营销的有效工具。用户利用其高效、便捷、智能的检索功能进行检索，并能快速准确地分析出目标用户信息，从而有效地推广产品和服务，促进销售。同时，通过对网站访问者的搜索行为进行深度分析，还可以为企业制定更有效的网络营销策略提供数据基础。

认知目标

1. 了解搜索引擎的概念、分类和工作原理。

2. 理解搜索引擎营销的概念及其营销目标。

3. 熟悉搜索引擎竞价排名与搜索引擎优化的区别。

4. 掌握搜索引擎竞价排名的特点和方法。

5. 掌握搜索引擎优化的内容与技巧。

技能目标

1. 能够把企业的网站提交到各大搜索引擎中。

2. 能够灵活地应用搜索引擎竞价。

3. 能够对企业网站的关键词进行分析和选择。

4. 能进行简单的搜索引擎优化。

素养目标

1. 具备学习搜索引擎营销的兴趣。

2. 具备搜索引擎营销独立学习的能力。

3. 具备搜索引擎优化职业岗位工作意识。

任务一　认识搜索引擎

任务概述

又到了石榴成熟的季节了，李明父母承包的农场今年种植的石榴大丰收，产量达到了100 t。可石榴一年只有两个月的销售期，过了这个时间石榴如果没有销售完就会腐烂。面对众多的竞争对手，利用传统渠道很难在短时间内销售完这100 t石榴。李明看到很多人利用网络进行销售，他也想通过网络来推广销售自家的石榴。那么，李明要如何选择网络推广的手段呢？

任务分解

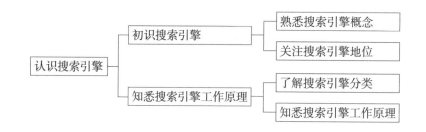

16

活动一　初识搜索引擎

活动背景

李明想如果自己可以在网上搜索到自家石榴的相关信息，是不是对石榴销售有帮助呢？怎样才能在互联网上搜索到自家石榴呢？

知识探究

一、熟悉搜索引擎概念

搜索引擎是指根据一定的策略、运用特定的计算机程序从互联网上搜集信息，在对信息进行组织和处理后，为用户提供检索服务，将用户检索的相关信息展示给用户的系统。简单来说，搜索引擎就是用户在互联网上搜索信息的工具。目前比较常用的搜索引擎有百度搜索、360搜索、搜狗搜索等。（图2-1）

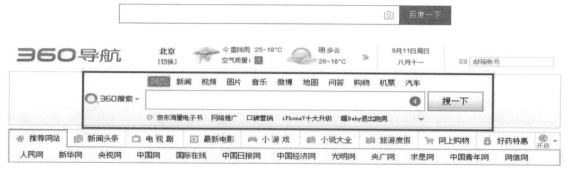

图2-1　中文常用搜索引擎

二、关注搜索引擎地位

中国互联网络信息中心（CNNIC）2021年发布的第48次《中国互联网络发展状况统计报告》显示，在中国网民各类互联网应用使用率排行中，排名前十的应用分别为即时通信、网络视频（含短视频）、短视频、网络支付、网络购物、搜索引擎、网络新闻、网络音乐、网络直播、网络游戏。

知识链接

扫一扫下面二维码，在这里会看到更多互联网发展的资料。

中国互联网络信息中心

(◎) 活动二　知悉搜索引擎工作原理

活动背景

李明此刻明白，原来百度就是一家专门提供搜索引擎的网站服务商，是一个用户在互联网上搜索信息的工具。用百度搜索"石榴"，网上会出现大量相关信息，百度是如何完成这些信息传递过程的呢？

知识探究

一、了解搜索引擎分类

1. 全文检索类搜索引擎

全文检索类搜索引擎是广泛应用的主流搜索引擎，如百度、搜搜等。它们从互联网提取各个网站的信息（以网页文字为主），建立起数据库。当用户使用搜索引擎时，它们从数据库中检索与用户查询条件相匹配的记录，然后按一定排列顺序将检索结果返回给用户。

全文检索类搜索引擎可分为两类。一类拥有自己的检索程序，俗称"蜘蛛"（spider）程序或"机器人"（robot）程序。另一类是提交网站搜索，即网站拥有者主动向搜索引擎提交网址，然后搜索引擎会在一定时间内（2天到数月不等）定向向网站派出"蜘蛛"程序，扫描网站并将有关信息存入数据库，以备用户查询。

知识链接

"蜘蛛"和"机器人"

搜索引擎派出一个能够在网上发现新网页并抓取文件的程序，这个程序通常被称为"蜘蛛"（spider）或"机器人"（robot）。

2. 目录索引类搜索引擎

目录索引也称为分类检索，是互联网上最早提供WWW资源查询服务，主要通过搜集和整理互联网资源，根据搜索到网页的内容，将其网址分配到相关分类主题目录的不同层次的类目之下，形成像图书馆目录一样的分类树形结构索引。（图2-2）

图2-2　新浪分类目录页面

　　分类目录信息的收集、分析主要依靠人工完成。一般都有专门的编辑人员负责收集网站的信息。分类目录就像一个电话号码簿一样，按照各个网站的性质，把其网址分门别类排在一起，大类下面套着小类，一直到各个网站的详细地址，一般还会提供各个网站的内容简介，用户不使用关键词也可进行查询，只要找到相关目录，就完全可以找到相关的网站。

　　3. 元搜索引擎

　　元搜索引擎一般没有自己的"机器人"程序及数据库。它在接受用户查询请求后，同时在多个搜索引擎上搜索，并将结果返回给用户。元搜索引擎如搜星搜索引擎。

　　二、知悉搜索引擎工作原理

　　搜索引擎的基本工作原理可以看作四步：从互联网上抓取网页→建立索引数据库→处理用户搜索请求→在索引数据库中搜索排序，如图2-3所示。

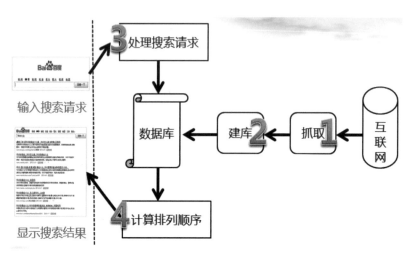

图2-3　搜索引擎基本工作原理

1. 从互联网上抓取网页

利用能够从互联网上自动收集网页的"蜘蛛"程序，自动访问互联网，并沿着网页中的所有URL爬到其他网页，重复这个过程，并把爬过的所有网页收集回来。

2. 建立索引数据库

由分析索引程序对收集回来的网页进行分析，提取相关网页信息（包括网页所在URL、编码类型、页面内容包含的关键词、关键词位置、生成时间、大小、与其他网页的链接关系等），根据一定的相关度算法进行大量复杂计算，得到每一个网页针对页面内容及超链中每一个关键词的相关度（或重要性），然后用这些相关信息建立网页索引数据库。

3. 处理用户搜索请求

当用户输入关键词进行搜索后，由搜索系统程序从网页索引数据库中找到符合该关键词的所有相关网页，所有相关网页针对该关键词的相关信息在索引库中都有记录。

4. 在索引数据库中搜索排序

搜索系统程序综合关键词相关信息和网页级别形成相关度，然后进行排序，相关度越高，排名越靠前。最后，由页面生成系统将搜索结果的链接地址和页面内容摘要等内容组织起来返回给用户。

▌▌▌ **合作实训**

①分别用百度、搜搜搜索自己的名字和其他同学的名字。

②讨论不同搜索引擎的特点。

③如果没有检索到相关信息，或者信息是自己不希望看到的，思考如何解决这一问题。

④如果你的名字比较热门，网上会出现大量的重名信息，思考如何让你自己的个人品牌更有特点并且在茫茫人海中脱颖而出。

⑤根据表2-1所示的活动评价项目及标准总结自己的学习成果。

表2-1 项目评价表

评价项目	搜索信息的能力（40%）	思考讨论问题的能力（40%）	职业素养（20%）
评价标准	1. 信息合理、有效、完整 2. 信息比较完整 3. 信息不完整	1. 全面、精准、有主见 2. 简明、扼要、基本到位 3. 脱离主题、不求甚解	1. 大有提升 2. 略有提升 3. 没有提升
自己评分			
小组评分			
教师评分			
总得分			

任务二　熟悉搜索引擎营销

任务概述

李明现在已经清楚什么是搜索引擎以及搜索引擎的神奇功能。为了扩大家乡石榴的知名度和销售量，李明打算采用搜索引擎来推广家乡石榴。如何开展搜索引擎营销成为他现在最大的困难，是不是只要在百度平台上注册信息、设置关键字就可以了呢？石榴销售季节快到了，该从哪里下手进行搜索引擎营销呢？

任务分解

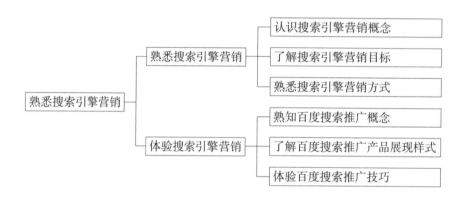

活动一　熟悉搜索引擎营销

活动背景

李明打开计算机，登录百度搜索"石榴"，发现许多"石榴"信息，内容十分丰富，有网站，有链接，有广告，有活动……唯独家乡石榴却"杳无音信"。如何解决呢？李明决定先认识一下搜索引擎营销。

知识探究

一、认识搜索引擎营销概念

搜索引擎营销（Search Engine Marketing，SEM）是基于搜索引擎平台的网络营销，是根据用户使用搜索引擎的方式，利用用户检索信息的机会尽可能将营销信息传递给目标用户。搜索引擎营销追求最高的性价比，以最小的投入，获得最大的来自搜索引擎的访问量，并产生商业价值。

图2-4　搜索引擎营销目标层次

搜索引擎营销的基本思想是通过对网站进行搜索优化，更多地挖掘企业的潜在用户，帮助企业实现更高的转化率。

二、了解搜索引擎营销目标

搜索引擎营销最终目标是将访问者转化为真正的客户，从而实现销售收入的增加，如图2-4所示。

1. 被收录

被收录是指在主要搜索引擎或分类目录中获得被收录

的机会，这是搜索引擎营销的基础。搜索引擎登录包括免费登录、付费登录、搜索引擎关键词广告等形式。被收录的含义就是让网站中尽可能多的网页(而不仅仅是网站首页)被搜索引擎收录，增加网页的搜索引擎可见性。

2. 排名

排名靠前是指在被搜索引擎收录的基础上尽可能获得好的排名，在搜索结果中有良好的表现。因为用户关心的只是搜索结果中靠前的少量内容，如果利用主要的关键词检索时，网站在搜索结果中的排名靠后，那么还需要利用关键词广告、竞价广告等形式作为补充手段来实现这一目标。同样，如果在分类目录中的位置不理想，则需要同时考虑在分类目录中使用付费等方式使得排名靠前。

3. 被点击

被点击指通过搜索结果点击率的增加来达到提高网站访问量的目的。仅仅做到被搜索引擎收录并且在搜索结果中排名靠前是不够的，这样并不一定能增加用户的点击率，更不能保证将访问者转化为客户。要通过搜索引擎营销实现访问量增加的目标，则需要从整体上进行网站优化设计，并充分利用关键词广告等有价值的搜索引擎营销专业服务。

4. 客户转化

客户转化指将访问者转化为客户，将网站访问量的增加转化为企业收益的提高。从各种搜索引擎策略到产生收益，中间效果表现为网站访问量的增加。网站的收益是由访问量转化所形成的，从访问量转化为收益是由网站的功能、服务、产品等多种因素共同作用决定的。这个目标在搜索引擎营销中属于战略层次的目标。其他三个层次的目标则属于策略范畴，具有可操作性和可控制性的特征，实现这些基本目标是搜索引擎营销的主要任务。

三、熟悉搜索引擎营销方式

搜索引擎营销方式主要有两种：搜索引擎竞价排名和搜索引擎优化。

1. 搜索引擎竞价排名

（1）竞价排名概念

竞价排名，顾名思义就是网站付费后才能出现在搜索结果页面，付费越高者排名越靠前，如图2-5所示。竞价排名服务，是由搜索引擎网站向企业提供的一种按效果付费的网络营销服务。

这种方式，既让有需求的人便捷地找到适合的产品和服务，也让企业用少量投入就可以获得大量潜在客户，有效提升了企业品牌的影响力。

（2）竞价排名的特点

①按效果付费，费用相对较低。

②出现在搜索结果页面，与用户检索内容高度相关，增加了推广的定位程度。

③搜索引擎自然搜索结果排名的推广效果是有限的，采用竞价排名容易引起用户的关注和点击，因而效果比较显著。

④企业可以自己控制点击价格和推广费用。

⑤企业可以对用户点击情况进行统计分析。

图2-5　百度竞价排名

（3）竞价方式

搜索引擎一般通过关键词进行竞价，参与竞价排名的企业为自己的网站/网页购买关键字排名，用户在点击该索引结果后即产生费用。一般来说，付费越高，获得的排名可能就越靠前。为了保持靠前的排名，企业可以根据实际竞价情况调整每次点击付费的价格，控制竞价关键词在特定关键字搜索结果中的排名，也可以通过设定不同的关键词获取不同类型的目标访问者。

2. 搜索引擎优化

（1）搜索引擎优化概念

搜索引擎优化（Search Engine Optimization，SEO）是针对各种搜索引擎检索的特点，通过对网站进行优化设计，使其更适合搜索引擎检索原则和习惯，从而获得搜索引擎收录并且在排名中靠前，最终达到网站推广的目的。

例如，我们在百度上搜索"安徽省电子商务"，出现的结果如图2-6所示。

（2）搜索引擎优化的重要性

①搜索引擎是用户获取信息的主要工具。

在搜索引擎出现之前，人们想要访问互联网上的网站必须通过记忆域名的方式；有了搜索引擎以后，我们再也不需要记忆网址，通过搜索引擎检索关键词访问检索到的网站。

②搜索引擎是高效的网络推广渠道。

搜索引擎会为网站带来最有明确需求的客户，通过数据来看，搜索引擎优化带来流量的转换率高达30%。

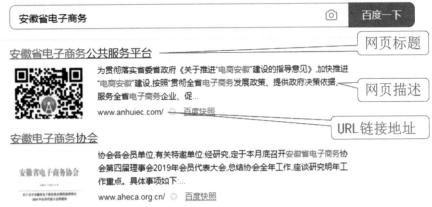

图2-6 搜索引擎优化

③用户更信赖自然检索的结果。

搜索引擎在检索页面，都会提供专门的关键字广告区域。但搜索引擎右侧的关键字广告的点击率，远低于左侧自然检索排名的网站。

④用户一般只查阅在搜索结果中排名靠前的结果。

多数用户在检索时，只点击搜索首页的前几位网站，搜索结果三页以后的内容，几乎无人问津。

（3）搜索引擎优化的作用

①提升网站的搜索排名。

搜索引擎优化通过研究搜索引擎的抓取和检索规律，让产品网站适应这些规律，并取得好的搜索排名。

②优化网站建设质量。

搜索引擎优化可以让网站的页面、架构、层次更清晰、合理，更符合用户的使用习惯。

③带来更多的优质流量。

搜索引擎优化可以带来有明确需求的访问者，大幅度提高网站的营销效果。

（4）搜索引擎优化内容

搜索引擎优化工作主要包括内部优化与外部优化，具体优化内容如图2-7所示。

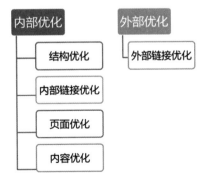

图2-7 搜索引擎优化工作内容

①结构优化。

网站结构是网站从首页、一级栏目到分类目录、内容页面的链接层次关系，是网站的骨架。网站结构影响搜索引擎收录的网页数量和深度。合理的网站结构主要表现在：

通过主页可以到达任何一个一级栏目首页、二级栏目首页以及最终内容页面；

通过任何一个网页可以返回上一级栏目页面并逐级返回主页；

主栏目清晰并且全站统一；

每个页面有一个辅助导航；

通过任何一个网页可以进入任何一个一级栏目首页；

如果产品类别/信息类别较多，设计一个专门的分类目录是必要的；

设计一个表明站内各个栏目和页面链接关系的网站地图；

通过网站首页一次点击可以直接到达某些最重要内容的网页（如核心产品、用户帮助、网站介绍等）；

通过任何一个网页经过最多3次点击可以进入任何一个内容页面。

②内部链接优化。

在互联网中有内部链接优化的网站，会被搜索引擎优先推荐。内部链接优化应符合以下要求：

网站内部所有子页面，都有指向首页的链接；

页面出现关键词文字，可以用来链接相关主题的页面；

清晰的网站导航，使用"面包屑型"导航；

建立展示网站所有内容的网站地图；

尽量把站内所有重要页面之间，两两互联；

尽量用文字链接，少用图片、Flash链接；

不要让你的网站出现死链接。

知识链接

"面包屑型"导航如下：

您所在的位置：腾讯首页 > 新闻中心 > 时政新闻 > 正文

③页面优化。

网站页面优化，是对网页的内容、程序、板块、布局等多方面进行优化调整，主要包含网页文本优化、图片优化、对象优化、脚本优化等。进行页面优化后的网站更容易被搜索引擎收录，同时会提升网站的相关关键词排名，提高用户体验和转化率，进而创造价值。

④内容优化。

网站内容是网站的文本、图片、音频视频、PDF等不同格式的文件内容。内容相关度直接影响搜索引擎排名。网站内容优化的主要指标包括：

每个网页都有独立的、概要描述网页主体内容的网页标题；

每个网页标题应该含有有效关键词；

每个网页都应该有独立的反映网页内容的META标签（关键词和网页描述）；

每个网页主体内容应该含有适量的有效关键词文本信息；

对某些重要的关键词应保持其在网页中相对稳定。

⑤外部链接优化。

外部链接文本和链接网站的质量是决定网页排名的重要因素。高质量外部链接的特征包括：

主动将你的网站提交到搜索引擎相关目录；

向行业网站的相关目录提交网站；

与高质量的竞争对手网站，进行友情链接；

与高质量的合作伙伴网站，进行友情链接；

在重要的行业网站，发表带有网站链接的软文；

不要做一些垃圾链接，如在论坛、留言本等批量发带有网址的内容。

📷 活动二　体验搜索引擎营销

▌活动背景

李明现在已经清楚什么是搜索引擎营销以及开展搜索引擎营销的主要方法，也对自己如何在网上推广销售家乡石榴有了很好的定位。快到中秋节了，李明想抓住这个石榴销售好时机。现学现用，李明决定先体验一下如何开展搜索引擎营销。

▌知识探究

一、熟知百度搜索推广概念

百度搜索推广是一种按效果付费的网络推广方式，是百度推广的一部分。

每天网民在百度进行数亿次的搜索，其中一部分搜索词明确地表达了某种商业意图，即希望购买某一产品，寻找提供某一服务的提供商，或希望了解该产品/服务相关的信息。同时，提供这些产品/服务的企业也在寻找潜在客户。通过百度搜索推广的关键词定位技术，可以将高价值的企业推广结果精准地展现给有商业意图的搜索网民，同时满足网民的搜索需求和企业的推广需求。（图2-8）

图2-8　百度搜索推广

二、了解百度搜索推广产品展现样式

1. 百度搜索推广WISE样式

无线搜索推广（WISE）是指百度提供的在百度网站和无线端相关页面，以关键词在线出价展示广告主所推广的网站信息并按照点击量收费的一种推广形式。

百度搜索推广WISE样式如图2-9、图2-10所示。

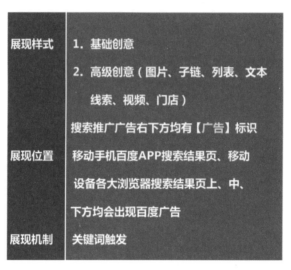

图2-9 无线搜索推广（WISE）产品展现

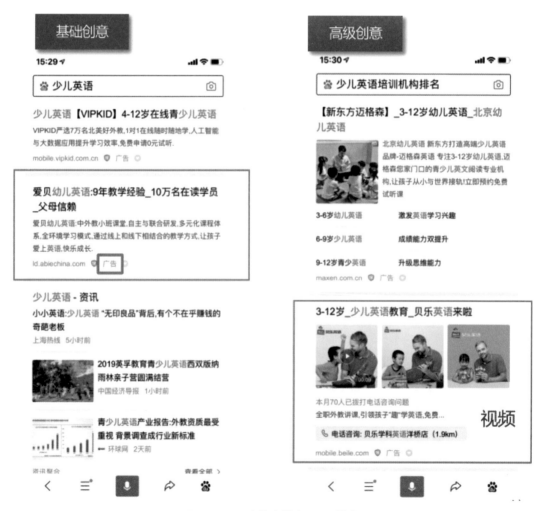

图2-10 百度搜索推广WISE样式

2. 百度搜索推广PC样式

PC搜索推广是指百度提供的在百度网站和计算机端相关页面，以关键词在线出价展示广告主所推广的网站信息并按照点击量收费的一种推广形式。

百度搜索推广PC样式如图2-11、图2-12所示。

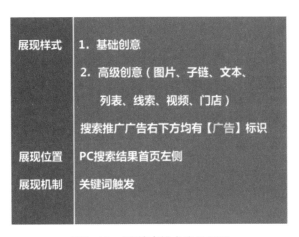

图2-11　PC搜索推广产品展现

少儿英语培训　少儿英语机构　更多家长信赖

特色: 25年经验/全龄段英语课程　　培训方式:一对一/小班授课　　培训类型: 3-16岁青少儿英语
少儿英语培训,少儿英语,精品小班授课,教孩子纯正的英语,中外教授课,轻松高效,锻炼孩子英语听说读写能力!
www.metenjr.com 2019-09 ▼ ⓘ - 评价 广告

2019英语速成班　排名优选　轻松说英语

英语速成班 哪几家比较好? 线上线下各有优势,完整攻略为你准备.免费试听课 专业海外机构,合理价格,日常英语,美式英式口语.
www.mayiguwen.com 2019-09 ▼ ⓘ - 评价 广告

图片

孩子英语学习　瑞思英语专注3-12岁少儿英语

孩子英语学习 瑞思英语,上市公司出品,依托全球教育资源,致力于提高孩子竞争力!孩子英语学习 提高英语口语,演讲演示,团队合作..
3-5幼儿英语　　6-8岁儿童英语　　9-12岁少儿英语　　免费领课
www.risecenter.com 2019-09 ▼ ⓘ - 评价 广告

子链

北京英语培训-专注3-12岁教育_纯正英语

瑞思英语培训 外教中国少儿英语口语,英美外教一对一授课,纯正母语环境注册获取免费试听
[优惠活动] 免费领价值500元试听课
www.risecenter.com 2019-11 ▼ ⓘ - 评价 广告

线索

图2-12　百度搜索推广PC样式

三、体验百度搜索推广技巧

在做百度搜索推广时，如何花最少的钱获得最大最有效的展示和点击，是进行搜索推广的关键工作。所以，做百度搜索推广也需要掌握一些技巧，不是竞价越高就越好。

1. 设置关键词匹配模式为精准匹配

①开启高级精确匹配功能时，只有网民的搜索词与你提交的关键词完全一致时，你的推广结果才有展现机会。

②开启精确匹配扩展（地域词扩展）功能时，在你设置的关键词中，如果包含地域性

词时，位于该地域的网民（按IP地址判断）搜索除地域词以外的部分，也可能展现你的推广结果。

设置关键词匹配模式为精准匹配，如图2-13所示。

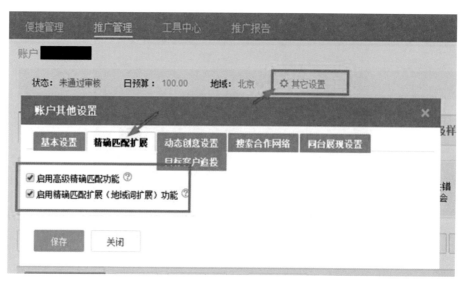

图2-13 关键词精准匹配模式

2. 设置主关键词和副关键词，并进行分组管理

为了便于管理，可以对关键词设置多个分组，针对不同的关键词进行分组管理，比如品牌关键词、业务关键词、招聘关键词等。业务关键词是主关键词，竞价也相对更高；品牌关键词是品牌形象推广的一部分，作为副关键词，竞价相对较低。分开管理有助于批量设置出价，如图2-14所示。

图2-14 关键词分组管理

3. 设置投放区域

设置投放区域可以有效确定目标用户区域，同时关键词出价相对会更低一些，如图2-15

所示。

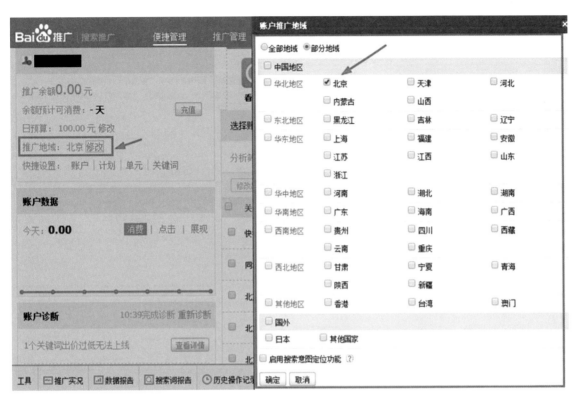

图2-15 设置投放区域

4. 设置投放时间

互联网24小时不停运转，如果不设置搜索时间，很容易将资金消耗掉，而没有达到好的转化率，所以设置投放时间便于我们更好地控制广告资金及展示效果，如图2-16所示。

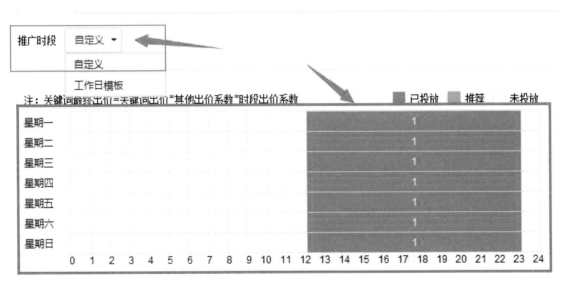

图2-16 设置投放时间

5. 设置预算

为了避免突然加大流量造成用户不必要的广告费消耗，需要设置"日预算"以控制每日的广告费用，如图2-17所示。

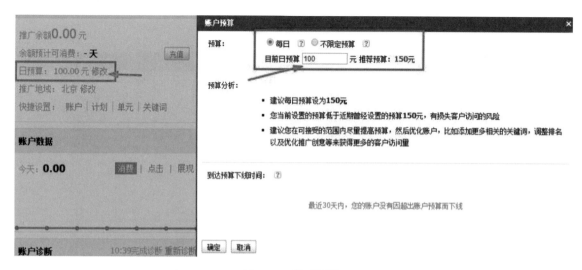

图2-17　设置预算

6. 设置展示效果

展示效果在百度后台中称为"创意"，好的创意会增加用户转化率，如图2-18所示。

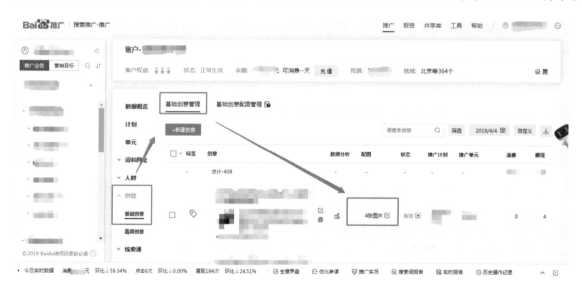

图2-18　设置展示效果

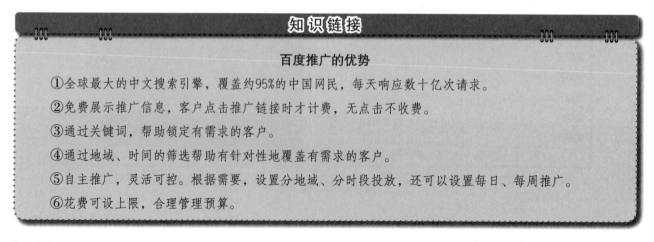

知识链接

百度推广的优势

①全球最大的中文搜索引擎，覆盖约95%的中国网民，每天响应数十亿次请求。

②免费展示推广信息，客户点击推广链接时才计费，无点击不收费。

③通过关键词，帮助锁定有需求的客户。

④通过地域、时间的筛选帮助有针对性地覆盖有需求的客户。

⑤自主推广，灵活可控。根据需要，设置分地域、分时段投放，还可以设置每日、每周推广。

⑥花费可设上限，合理管理预算。

合作实训

①太平洋电脑网是国内首家以专业电脑市场联盟为基础的大型IT资讯网站，其搜索引擎优化做得十分优秀。请在百度搜索关键词，找到太平洋电脑网的链接并打开。

②浏览该企业网站并确定该网站的2～5个核心关键词（如企业名称、所在行业、主要产品或服务等）。

③用每个关键词分别在主流搜索引擎进行检索，了解该网站在搜索结果中的表现，如排名、网页标题和网页描述等。

④从网站结构、页面和内容3个方面分别阐述如何优化搜索引擎。

⑤根据表2-2所示的活动评价项目及标准总结自己的学习成果。

表2-2 项目评价表

评价项目	关键词的确定（40%）	阐述如何优化搜索引擎（40%）	职业素养（20%）
评价标准	1. 简洁易查询、合理有效 2. 不太合理 3. 不合理	1. 全面、精准、有主见 2. 简明、扼要、基本到位 3. 脱离主题、不求甚解	1. 大有提升 2. 略有提升 3. 没有提升
自己评分			
小组评分			
教师评分			
总得分			

项目小结

李明通过本项目的探索学习，了解了搜索引擎营销包含的内容，也学会了如何开展搜索引擎营销，利用搜索引擎做好家乡石榴的宣传和推广活动。通过边学习边实践，不断总结分析，李明提升了对电子商务、网络营销的学习兴趣，增添了创业信心。

项目检测

一、单选题

1. 在网络营销中，SEO的中文意思是（　　）。

A. 搜索引擎营销
B. 搜索引擎登录
C. 搜索引擎优化
D. 搜索引擎广告

2. 作为网络营销的常用方法之一，搜索引擎优化的根本目的是（　　）。

A. 为用户通过搜索引擎获取有效信息

B. 建设搜索引擎优化导向的网站

C. 让网站符合搜索引擎的收录和排名规则

D. 让网站获得尽可能多的访问量

3. 在浏览网页时，如果网页显示404，说明（　　）。

A. 服务器内部错误
B. 该网页不存在或已经被删除
C. 该网页被重新定向到其他网页
D. 数据库出错

4. 搜索引擎优化策略不包括（　　）。

A. 网站架构布局
B. 关键字的技巧
C. 网站内容的编写
D. 外部链接

5. 以下关键词分组中，不合格的是（   ）。

A. 英语学习网站，学习英语网站，学英语网站，英语学习网

B. 北京英语培训，北京英语口语，北京学英语，学英语北京

C. 暑期英语班，英语夏令营，暑假英语口语，暑期英语辅导

D. 口语英语，英语口语学习，学习口语价格，初级口语学习

二、判断题

1. 网络营销就是SEO。（   ）

2. 利用搜索引擎优化方法可以短时间在搜索引擎中获得好的排名。（   ）

3. 排名越靠前，推广结果就越能吸引网民的关注，带来更多的潜在客户。（   ）

4. 关键词排名是由出价决定的，出价越高，排名越靠前。（   ）

5. 在百度推广中，写好创意的目的是为了吸引网民，提高点击量。（   ）

三、简答题

1. 全文搜索引擎和目录索引引擎的区别是什么？

2. 什么是搜索引擎营销？其主要目标任务是什么？

3. 在进行搜索引擎营销时，需对搜索引擎进行优化，其优化内容主要包括哪些方面？

4. 百度推广的展现形式有哪些？推广信息展现的位置出现在哪里？

四、实训题

1. 在百度搜索"购物"关键词，查看搜索结果，想想网站排序的依据，如何增加网站被搜索引擎收录的机会？如何提升网站的排名？

2. 请同学们自选家居用品类品牌，想想如何帮助其完成搜索引擎营销。

项目3 熟悉社会化媒体营销

项目概述

随着互联网的普及，网民规模的不断扩大，新的营销模式不断出现，社会化媒体营销应运而生。和传统的营销方式相比，社会化媒体营销成本低、交互性强。诸如微信、微博、抖音等网络平台极大地改变了人们的生活、消费方式，也为企业提供了新的网络营销模式。"两微一端"对企业营销活动有何影响？社会化媒体营销方式都有哪些？有什么样的使用技巧？在本项目中，我们一起来寻找答案。

认知目标

1. 了解微博营销的含义，掌握微博营销技巧。

2. 认知网络论坛营销，掌握论坛营销的技巧。

3. 知悉即时通信（IM）营销，掌握即时通信营销技巧。

4. 熟悉视频营销的概念与优势，掌握视频营销技巧。

5. 掌握新媒体营销的概念和主要形式，掌握新媒体营销技巧。

技能目标

1. 能够举例讲解微博、论坛营销等社会化媒体营销的含义。

2. 能够准确描述社会化媒体营销的技巧。

3. 能够使用不同的社会化媒体营销工具开展营销活动。

素养目标

1. 具备学习社会化媒体营销的兴趣。

2. 具有独立使用社会化媒体营销工具的能力。

3. 具备社会化媒体营销岗位工作意识。

任务一　初识微博营销

任务概述

李明是电子商务专业的一名学生，目前在一家公司的网络营销部门实习。部门主管将公司官方微博的运营与维护工作交给了李明。微博是公司开展营销活动的重要渠道之一，是传递企业或产品信息、树立企业形象、建设企业品牌的重要平台。为了出色完成工作任务，李明决定先从了解微博的相关知识入手，认真学习微博营销知识，为后续工作打好基础。

任务分解

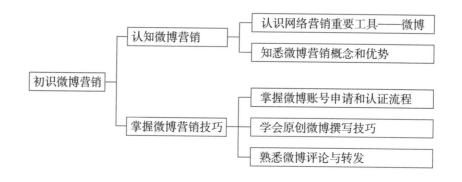

活动一　认知微博营销

活动背景

为了能对微博营销有整体上的认识，李明根据在学校时学过的知识，列出了一个学习任务的清单，让我们一起跟着李明的任务清单来学习一下微博营销的主要内容吧。

知识探究

一、认识网络营销重要工具——微博

1. 了解微博概念

微博，即微博客（microblog），是指一种基于用户关系信息分享、传播以及获取的通过关注机制分享简短实时信息的广播式社交媒体、网络平台。用户可以通过各种客户端发布信息，实现即时分享。

认知微博营销

2006年，微博"Twitter"在美国诞生。2007年，国内最早的带有微博色彩的网站饭否网诞生。2009年8月，"新浪微博"正式推出，微博正式进入人们的视野，并迅速掀起了热潮。2010年国内微博呈现井喷式的发展，新浪、腾讯、网易、搜狐四大门户网站均开设微博。2014年，国内微博领域呈现一家独大的局面，新浪微博也成为微博领域的大赢家，正式更名为"微博"。现今，如果没有特殊说明，一般人们提到微博指的就是新浪微博。（图3-1）

2. 知悉微博特点

微博作为一种分享和交流平台，具有以下特点。

（1）便捷性

微博的文字短小，信息长度一般在140字以内，记录简捷，符合用户的行为习惯；微博

图3-1　微博标志

使用方便，用户可以利用手机、计算机等工具随时编辑和发送信息。

（2）传播性

在微博上，用户可以关注自己感兴趣的账号，随时获取信息，同时用户自己也可以向粉丝传达信息。微博中粉丝数量百万级、千万级的用户不在少数，更有不少用户粉丝数破亿，当用户发布信息时，信息能够在最短的时间内传播出去。此外，微博热搜也是网民关注时事热点的重要平台。

（3）原创性

微博篇幅短小，内容创作难度低，操作便捷，用户可以随时记录所思所想和身边的奇闻趣事，为原创作品的产生提供了良好的平台。

二、知悉微博营销概念和优势

作为社会化媒体，微博对传统营销产生重大影响，开展微博营销成为互联网时代企业发展的重要内容。微博营销就是借助微博进行一系列的营销活动，包括活动策划、产品宣传、品牌推广、个人形象包装等。该营销方式注重信息的实时性、内容的互动性、定位的准确性、布局的系统性。

微博营销具有以下优势。

1. 门槛低、成本低

微博允许企业、个人在平台上发布广告，与传统的广告投放方式相比，广告投放自主性更强，成本更低，更加精准、便捷、高效。

2. 操作简单、传播速度快

微博写作门槛低，无论是谁，只要有微博账号，只需简单编辑，便可以在微博上一键发布营销信息。

3. 实时沟通、互动性强

微博最大的优势就是互动，政府可以回复群众，明星可以和粉丝互动。微博营销内容通过手机、计算机等端口进行发布和阅读，可以随时随地与粉丝沟通，及时获得反馈。

4. 形式多样、立体化表现

微博营销借助多媒体技术手段，不仅图文并茂，还可以使用视频、声效等展现形式来开展营销活动。

◉◉ 活动二　掌握微博营销技巧

▌▌▌ **活动背景**

在前面的学习中已经对微博、微博营销有了较深的了解，李明想进一步研究微博的账号如何注册，微博营销有哪些技巧，怎样利用微博开展推广活动。

▌▌▌ **知识探究**

微博营销是企业重点关注的营销渠道之一，每一个粉丝都是潜在的营销对象，我们要熟知微博账号的申请和认证流程，学会撰写微博内容，吸引粉丝关注，了解转发评论微博的作用。

一、掌握微博账号申请和认证流程

打开微博首页，页面右侧有登录窗口，点击"立即注册"按钮，或直接输入注册网址。如果已经有了淘宝、QQ等账号，可以直接点击页面下方的其他登录方式进行登录。（图3-2）

图3-2　微博计算机端登录页面

在注册页面，微博提供了两个选项，个人注册和官方注册。可根据实际情况选择需要的注册类型。（图3-3、图3-4）

根据页面提示，进行手机注册或者邮箱注册即可。手机注册：输入手机号码、生日、设置密码后点击"免费获取短信激活码"，输入验证码即可完成注册。邮箱注册：输入邮箱地址、官方注册微博名，选择所在地，设置密码，点击立即注册。注册后需要登录邮箱，点击激活链接进行激活。

图3-3　微博计算机端个人注册页面

图3-4 微博计算机端官方注册页面

申请成功后，登录账号，找到"申请认证"，根据页面提示进行认证即可。（图3-5）

二、学会原创微博撰写技巧

原创微博，是相对于转发别人的微博而言的，是指用户在发布框里编辑的原创性内容，并进行发布。用户以简短的文字、图片、音频或视频等形式将所见所闻、评论观点、思想领悟等实现即时分享。做好微博营销离不开原创微博的撰写和发布，下面一起来看一下不同类型的原创微博有哪些撰写技巧。

1. 事件营销微博

在开展事件营销时，微博内容要结合当下的热点或新闻事件来撰写，以吸引媒体和消费者的关注，达到广告宣传、促成销售的目的。

2. 活动策划微博

在活动策划时，撰写微博要突出活动的诱惑力，让用户有分享和转发的兴趣，自愿主动地参与进来。活动中植入产品和服务信息，通过粉丝自发转发进行传播。

3. 产品推广微博

在撰写产品推广微博时，最重要的就是以最少、最精练

图3-5 微博个人账号认证页面

的文字将产品的特色（如颜色、工艺、材质、设计等）描述出来，将最想让用户接收的信息清楚明白地表达出来。

4. 话题微博

话题微博的撰写最重要的在于话题的选择，要紧紧抓住用户的眼球。因此撰写时要选择有争议的话题，或者是热门话题，互动性强，能引起大家的共鸣。

三、熟悉微博评论与转发

借助微博平台的转发、评论功能，营销信息可以实现快速传播。在这个网络高速发展的时代，一条微博可以通过转发到达世界各地。评论与转发微博要注意以下内容。

1. 增加粉丝数

微博的转发功能使信息得以传播，通过转发，企业可以提高在公众面前的曝光率，如果转发传播的内容正好是用户所需的，那么微博账号就很有可能被关注，从而提高增加粉丝的概率。

2. 加强与用户的互动交流

评论是微博互动的主要方式之一，如果用户不仅转发还对微博内容进行评论，那么说明用户关注度高，转化为客户的可能性大。评论的过程是信息沟通和观点交锋的过程，是用户和企业之间的直接沟通方式，可以加强与用户之间的交流，了解用户的需求，从而达到更好的营销效果。

合作实训

①请同学们注册（如已有账号直接登录）自己的微博账号，关注自己感兴趣的企业的微博。

②结合当下热点，为关注的企业写一条活动策划微博。

③根据表3-1中所示的活动评价项目及标准总结自己的学习成果。

表3-1　项目评价表

评价项目	微博账号的申请注册（40%）	活动策划微博的撰写（40%）	职业素养（20%）
评价标准	1. 成功注册微博账号，并进行基本的"装修" 2. 完成微博账号的注册 3. 未注册微博账号	1. 主题明确，内容清晰，实用性强，推广效果好 2. 微博内容基本符合要求，能达到一定的推广效果 3. 撰写内容不符合要求，达不到推广效果或未完成撰写	1. 大有提升 2. 略有提升 3. 没有提升
自己评分			
小组评分			
教师评分			
总得分			

微博营销

社交媒体时代，越来越多的企业意识到微博营销的重要作用，开始以微博作为营销平台，持续向用户传播企业产品和活动信息，通过微博内容的更新与用户进行互动，增强用户的黏性，提高品牌的美誉度。下面我们通过几个案例来体验微博营销的魅力。

一、深挖消费者需求，提升消费者参与度

在社交与移动互联的时代，企业只有与消费者建立基于社群的情感联系，触及消费者的内心，并让他们主动分享与互动，才能扎根市场，取得成功。

可口可乐曾凭借"昵称瓶"营销活动获得当年广告界艾菲奖，可口可乐利用互联网上的热门词汇推出了一系列昵称瓶新装，"文艺青年""小清新""喵星人"等既极具个性，又符合特定人群定位的有趣昵称被印在可口可乐的瓶标上。

在新浪微博上，可口可乐借助明星、草根大号等的微博账号发布信息，吸引了一批想要购买昵称瓶的粉丝。活动开始后，先买到昵称瓶的网友主动在微博上分享，引起了更多人注意。此外，可口可乐还携手新浪微博在官方微博上试用微钱包推广定制版昵称瓶，消费者只需要在官方微博上选择昵称名，并输入希望赠送人的姓名，通过微博钱包支付邮费即可定制。

二、借势热点事件，提升品牌口碑和销量

在体育界中，世界杯可谓影响力最大的赛事之一，很多品牌都想在世界杯期间打造一场精彩的营销活动，获得口碑和销量上的提升。洽洽瓜子在世界杯营销大战中，成功用创意活动杀出重围，成为当时的营销黑马。

洽洽瓜子这一产品本身就与看球、聊天这样的娱乐休闲活动非常契合。作为瓜子界中的经典老品牌，洽洽利用瓜子这一大众喜爱的食品和世界杯联系起来，发起了猜胜负赢大奖的活动。在活动中，洽洽设置了虚拟货币——瓜子币，50个瓜子币可以下一注，用户通过购买洽洽世界杯的主题产品获得瓜子币。

此外，洽洽还与世界杯中的巴西队相结合，推出了"靠巴西赢大洽洽"的活动，只要巴西队每赢一场比赛，洽洽就会送出惊喜大奖，而为了替这个活动宣传造势，洽洽提供的奖品为"只比姚明矮一点点"的2米高的"史上最大袋瓜子"，这样利益大而又趣味十足的奖品，极大地调动了用户的兴趣。

除了在活动内容上别出心裁，洽洽在海报上也发挥了极大的创意。洽洽推出"洽洽巴西队"活动，每天推出一张漫画海报，犀利吐槽世界杯上的趣闻，同时也为网友们提供一个讨论世界杯的话题。

借助微博、微信，洽洽先是推出搞笑海报和视频对话进行预热和造势，然后发起赛事预测，通过巨大流量和病毒式传播，引发用户参与活动、关注讨论。通过这些营销活动，洽洽成功地达到了拉近与消费者的距离、传播品牌的目的。洽洽食品品牌总监马剑在面对记者的采访时说，互联网颠覆了传统的品牌传播观念和手段，但品牌的本质并没有改变，以消费者为中心，坚持品牌核心价值和与时俱进的创新沟通手段，与消费者保持高度互通联动，这才是品牌营销的制胜之道。

三、线上线下相结合，实时互动提升影响力

线上线下相结合是微博营销的趋势之一，线下看得见、摸得着，线上传播、交流、宣导、沟通、互动，线上线下相结合能最大程度提升营销活动的效果。

咪咕汇是咪咕音乐为盘点每年音乐发展状况，连续打造的数字音乐颁奖典礼。在第十届咪咕汇音乐盛典中，主办方尝试引入了微博平台，当时微博还是一个新兴的媒体平台，咪咕汇首次尝试微博营销成为国内微博营销一次比较完整的尝试。

活动分为预热、活动倒计时和活动中三个阶段。三个阶段微博都参与其中。预热期间，微博的信息主要以活动预告、活动背景展示和抢票为主。随着活动不断升级，咪咕汇通过微博告知网友，只要在微博中发布与活动相关的信息，加入#咪咕汇#关键字就可以参加抢票活动，并不断更新抢票获奖情况。在活动中，咪咕汇通过微博第一时间向网友汇报信息。

此外，活动还邀请了明星在现场利用手机向其微博中及时上传现场情况。这是一次很好地将明星效应与微博即时性和互动性相结合的做法。

任务二 认识网络论坛营销

任务概述

李明在一家公司的网络营销部门实习已经有一段时间了，他偶然得知部门经理曾带领团队在论坛上做推广，使公司的产品销量大幅提升，年终获得了丰厚的奖励。这让他对论坛营销产生了强烈的兴趣，于是他主动向经理请教。经理给他布置了学习任务，让他详细地了解论坛营销的基础知识和推广技巧，体验论坛营销的优势。

任务分解

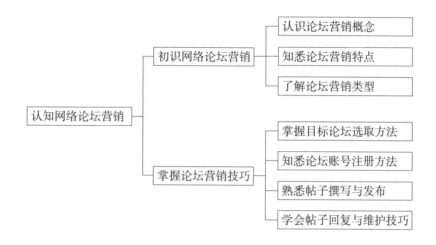

（◉）活动一 初识网络论坛营销

活动背景

为了能对论坛营销有整体上的认识，在经理的帮助下，李明开始学习论坛营销，第一个学习任务就是初识论坛营销的概念、优势等。

知识探究

一、认识论坛营销概念

1. 论坛

论坛又名BBS，即Bulletin Board System（电子公告板），是互联网上的一种电子信息服务系统，访问者可发布信息或提出看法，交互性强，内容丰富。用户可以阅读其他用户关于某个主题的看法，也可以自己发布信息。

论坛在中国的兴盛始于1997年。球迷老榕带着儿子到大连看世界杯预选赛，对比赛结果很失望的他写了一篇文章《大连金州没有眼泪》上传到了四通利方论坛（新浪前身）的体育沙龙上。由于这个论坛聚焦了一批体育迷，也是许多体育记者和编辑寻找新闻线索的地方，这篇帖子迅速被传播开。

论坛的力量在这次事件中显现出来，传统媒体开始关注这个新媒介。1998年以后，随着网络的发展和普及，除了新浪、搜狐、网易这三大门户网站论坛外，以天涯为代表的地方性论坛以及猫扑等逐渐兴起，甚至连百度也建立了"百度贴吧"，加入互联网社区的行

列。（图3-6）

图3-6　猫扑论坛标志

在不断发展之下论坛日渐细分，地方论坛、软件论坛、网赚论坛……其中不少成为人们每天必上的论坛，如天涯、猫扑、华声在线等。论坛改变了人们的生活，成为互联网不可或缺的部分。

由于人气大量汇聚，网络论坛不断地成熟发展，它们开辟了一个简单的互动沟通环境，尤其适合于传播和探讨公共话题。商家从论坛的交互性强、内容丰富和即时性强的优势中看到商机，利用论坛的超高人气和强大的聚众能力，在论坛上发布信息、获得各种信息、进行讨论，把论坛作为开放给客户交流的平台。

2. 论坛营销

论坛营销就是企业利用论坛这一网络交流平台，通过文字、图片、视频等方式发布企业的产品或服务信息，从而让目标客户更加深刻地了解企业的产品或服务，最终达到宣传企业品牌、加深市场认知度目的的一种网络营销活动。

随着互联网的发展，许多消费者习惯于通过网络获取信息，通过论坛与网友沟通、交流，了解产品在用户中的口碑，为购买决策提供依据。以"百度贴吧"为例，网民可以随时为某一话题设立专门论坛，任何对此事件感兴趣的网民都可以到论坛发表言论和图片。网民们通过论坛对最近的热门事件进行交流，了解所关注的产品的信息。论坛正成为一个重要的信息传播媒体之一。

二、知悉论坛营销特点

论坛营销是现在主流的网络营销方法之一，具有以下特点。

1. 成本低，见效快

论坛营销成本一般只有少量的宽带费用，基本可以忽略不计，很多论坛从注册到发帖都是免费的。论坛营销发帖是一对多形式，浏览、观看无限制，帖子的访问者一般带有较强的目的性或者需求性，宣传效果更佳。

2. 针对性强

论坛可以作为普通的宣传手段，也可针对特定的目标组织或者特殊人群进行重点宣传活动。国内论坛种类很多，有专题式论坛、综合式论坛、专业式论坛等，其中，行业论坛的细化程度高，用户群集中，可以实现精准营销，企业可根据产品特点选择相应的行业论坛发帖。

3. 营销氛围好

互动是论坛最大的特点，好的论坛中的交流氛围非常好。一个在论坛中注册时间长、活跃度高的用户，比较容易获得论坛管理者和其他用户的支持，所发的帖子会得到热情的回应，用户之间的交流与感情较深，在这种氛围下做宣传，更容易达到好的效果。

4. 口碑宣传比例高

论坛最大的特点是内容是由用户产生的，如果传递的信息与产品能够成功激起用户的讨论，就会在用户的口口相传之下，产生非常好的口碑效应。

三、了解论坛营销类型

根据采用的论坛平台不同，论坛营销可分为企业自建论坛营销和第三方论坛营销两种类型。企业自建论坛营销指的是企业专门为自身品牌设立论坛，推广产品或者服务新老客户，设专人管理论坛，进行长期运营；第三方论坛营销指的是企业借助互联网中有一定知名度的论坛平台，在论坛中申请多个账号，通过在与企业品牌产品营销目标相关的论坛板块发帖、跟帖、问答等操作实现企业品牌的树立、产品的论坛营销。

◉ 活动二　掌握论坛营销技巧

活动背景

在经理的帮助下，李明对论坛营销的基础知识有了一定的认识，但是他对如何撰写帖子、如何发帖等还是不熟练。在经理的帮助下，他进一步学习论坛营销的技巧。

知识探究

在前面的学习中，我们了解了论坛营销的基础知识。那么如何来进行论坛营销呢？论坛营销的主要过程有哪些？在论坛营销过程中有什么样的技巧呢？在本次活动中，我们将对论坛营销的过程和技巧进行探讨。

一、掌握目标论坛选取方法

论坛营销要想取得成功，首先要选择合适的推广论坛。由于论坛的数量众多，而企业在营销活动上投入的人力、物力是有限的，因而选择合适的目标论坛是做好论坛营销的第一步。

企业选取论坛时，要选取目标受众活跃的论坛。将目标受众与企业产品或服务相结合进行分析，以此来确定在所选论坛上发布信息是否有价值，是否会引起目标受众的兴趣。

目标论坛的选择要注意以下技巧。

1. 选择行业论坛

行业论坛是行业客户较为集中的地方，可以保证发布的信息能够最大量地被客户看到。

2. 选择人气适度的论坛

人气太旺，发布的帖子会瞬间被淹没；人气不足，难以达到宣传效果。

3. 选择有链接功能的论坛

选择可以直接将网站的链接发布上去的论坛，便于搜索引擎快速、大量收录。

二、知悉论坛账号注册方法

确定了目标论坛之后，需要进行账号注册。现在很多论坛都采取QQ、微博、微信一键登录的方式，如图3-7所示为天涯论坛的注册页面，注册方式主要为社交软件一键登录或者天涯社区客户端注册。也有的论坛仍保持传统的注册方式，用户填写昵称、年

图3-7　天涯论坛注册页面

龄、性别、电话、邮箱等个人资料进行注册登录。

三、熟悉帖子撰写与发布

帖子是营销内容的载体，企业的营销信息是否能够传递出去，是否能够引起用户的兴趣、激发用户的讨论，帖子的内容是关键。简单来讲，帖子是指在网络论坛上就某一主题或者某个板块发表的个人意见或稿件。一起来看一看帖子的写作技巧。

1．帖子标题的写作技巧

一个好的帖子首先应该有一个好的标题。经常逛论坛，大家都会发现，一篇人气超高的帖子往往与标题有很直接的关系。帖子的标题直接影响到帖子的点击率，那么撰写帖子标题有什么技巧呢？

（1）凸显数字，吸引眼球

例如：关于微信推广的10个技巧，你可能还不知道。

（2）合理吹牛，吊人胃口

例如：意想不到！这个地方比云南美多了！

（3）提出疑问，获得共鸣

例如：如果你读不完一本书，至少可以读完这十句话吧！

2．帖子内容的写作技巧

（1）娱乐

娱乐内容较吸引眼球，可借助某档节目的热度，取得较好的营销效果。

（2）热点

借力热点事件，与借力名人效果类似，但是也有一定的缺点，通常事件的热度一过，帖子也就没人关注了。

（3）争议

争议是最能触动用户的神经，最容易吸引用户参与的内容。争议的设置要巧妙，要符合用户的心理特征，能调动用户的参与兴趣。

（4）共鸣

相似的感受或经历容易触动用户的神经，比如很多怀旧帖子之所以一直受到关注，就在于引起了用户的共鸣。

（5）感人

用户一旦被感动会很乐于参与和分享。

总之，帖子内容不能脱离要推广的产品或服务，要自然、不留痕迹地与产品或服务相结合。

3．论坛发帖

论坛发帖要注意以下问题。

（1）质量第一

发帖的目的是让人观看，变相宣传自己的产品或服务，因此发帖主题要明确，内容要短小精悍，质量要好。

（2）精简篇幅

帖子内容不宜太长，控制在1000字以内，文字精简，适当加入图片，在需要添加链接的地方加上链接。长帖短发，以跟帖形式发。

（3）注意频率

每天发帖2～3篇为宜，不要超过7篇，帖子太多会造成大家随便读一篇，不利于信息的传递。

四、学会帖子回复与维护技巧

帖子发布后，要认真维护，及时回复访客的留言。论坛的信息发布是一种"队列式"的信息发布模式，根据发帖、点击或者回复的时间进行排名，最新点击或者回复的帖子、点击量多的帖子排名会靠前，所以要鼓励其他网友跟帖回帖。

论坛营销之帖子的维护

网友的参与是论坛推广的关键环节，如果策划成功，网友的参与度会大大提升。通常企业在论坛做活动营销居多，论坛活动具有强大的聚众能力，利用论坛作为平台举办各类活动，调动网友与企业之间的互动，扩大影响力。同时，要注意积极正确地引导网友的回帖，不要让事件朝相反方向发展。如果之前采用了话题来营销，那么可能会遇到争论，虽然说可以通过争论增强论坛的互动性与曝光率，但是如果控制不当，反而会带来不好的影响。所以积极回帖引导网友，控制事件向有利的方向发展，有利于实现论坛营销目标。

▌合作实训

①××建材公司准备开展论坛营销，主推防水涂料产品。请你对该类产品进行分析，帮其选择恰当的论坛营销平台，撰写一个有吸引力的帖子，并为其发帖推广。

②根据表3-2所示的活动评价项目及标准总结自己的学习成果。

表3-2 项目评价表

评价项目	论坛营销平台的选择（30%）	帖子撰写（30%）	发帖情况（30%）	职业素养（10%）
评价标准	1. 所选论坛有知名度，符合产品特点，目标客户集中，推广效果好 2. 所选论坛有一定知名度，有一定推广效果 3. 所选论坛不符合产品特点，知名度低，推广效果差	1. 主题明确，内容清晰，实用性强，推广效果好 2. 内容基本符合要求，能达到一定的推广效果 3. 撰写内容不符合要求，达不到推广效果或未完成撰写	1. 成功注册平台账号并完成发帖任务 2. 完成账号的注册 3. 未完成账号的注册	1. 大有提升 2. 略有提升 3. 没有提升
自己评分				
小组评分				
教师评分				
总得分				

案例分享

论坛营销

一、改变固有认知，重塑品牌形象

论坛营销的魅力在于，优质的内容不仅能够得到大量关注，而且能够产生二次传播，为企业带来巨大收益。

某汽车品牌一直以个性化和小众形象被广大消费者熟知。2017年，该品牌进行全新升级，借由知乎平台，以最纯粹的技术为切入点，选择了时下流行的直播手段，邀请专家进行拆车讲解，让用户看到一个全新的汽车品牌，使产品展现更为直观，便于加深用户理解。这次直播改变了用户固有认知，提升了品牌的专业性能。

直播中产出的优质内容被汇总为原生文章二次传播，专业的深度解析落成文字，进一步强化用户对该品牌在技术领域不断创新的认知。

二、制造话题引发争论，注重互动掌控方向

利用争议性话题引发用户讨论是论坛营销常用的方法之一，争论不仅能够引起用户的兴趣，更有利于营销内容的传播。

一篇名为《一个馒头引发的婆媳大战》的帖子曾经在天涯论坛上引起了很多网友的关注和讨论。帖子讲述了南方的媳妇和北方的婆婆关于馒头的争执，争执的一个焦点就在于南方的媳妇用泡打粉做馒头与北方的婆婆用酵母蒸馒头之间的差异。帖子自然而然地引出了"酵母"这一产品。

这篇帖子正是由某酵母生产企业策划的。当时，该企业正打算推出一款新的产品——酵母粉。为了达到较好地推广效果，通过帖子所引起的热度，公司及时开展有效的话题引导，由专业人士把话题的方向引到酵母的其他功能上去，让人们知道了酵母不仅能蒸馒头，还可以直接食用，并有很多的其他功能，如减肥。由于当时正值6月，正是减肥旺季，而减肥又是女人永远的关注点。于是，论坛上的讨论，让这些关注婆媳关系的人们同时也记住了酵母的另一个重要功效——减肥。

为了让帖子引起更多的关注，公司选择有权威的论坛，如新浪女性频道中关注度比较高的美容频道，把相关的帖子细化到减肥沙龙板块等。此外，该企业还在新浪、新华网等主要网站发新闻，而这些新闻又被网民转到论坛里作为谈资，提高了产品的可信度。在接下来的时间里，该企业的电话量陡增。消费者在百度上输入相关关键词，页面中会出现与该企业相关的搜索。这样该企业获得了较高的品牌知名度和关注度。

在这个案例中，我们可以看出，此次论坛营销主要有以下几个技巧：一是根据产品特点，选择目标受众常去的论坛；二是制造话题，利用网友的争论并采取有效的引导，从而将产品的特性和功能诉求详细告知潜在的消费者，激发消费者的关注和购买欲；三是注重互动，及时掌控话题方向，聘请专业人士把话题的方向引到酵母的其他功能上去，为产品推广打下基础。

任务三　知悉即时通信营销

任务概述

李明近期接到了一家书店的营销推广任务，推广方式主要是开展即时通信营销，利用QQ等工具进行推广。为了将这份工作做好，李明决定学习即时通信营销，但是初次接触即时通信营销，他不知道该如何入手，大家一起帮李明想一想该怎么办。

任务分解

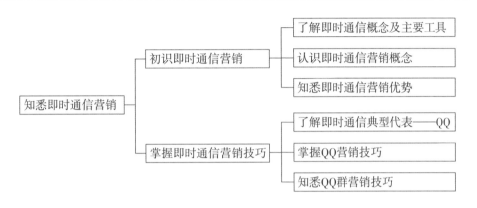

🎬 活动一　初识即时通信营销

活动背景

为了能对即时通信营销有整体上的认识，李明打算从即时通信工具入手，了解即时通信的概念及主要工具，而后进一步了解即时通信营销概念和优势。

知识探究

一、了解即时通信概念及主要工具

即时通信（Instant Message，IM）就是通常所说的在线聊天工具。利用即时通信工具，可以实时发送和接收互联网信息。近几年，即时通信工具发展迅速，功能日益丰富，不再是一个单纯的聊天工具，已经发展成集交流、娱乐、搜索、电子商务、办公协作和企业客户服务等为一体的综合化信息平台。

掌握即时通信
营销概念

随着移动互联网的快速发展，即时通信工具早已开始向移动领域扩张，腾讯、微软等即时通信提供商都提供通过手机接入互联网即时通信的业务，用户可以通过手机与其他已经安装了相应客户端软件的手机或计算机收发消息。中国互联网络信息中心发布的第48次《中国互联网络发展状况统计报告》显示，截至2021年6月，我国即时通信用户规模达9.83亿，较2020年12月增长218万，占网民整体的97.3%，如图3-8所示。

近年来，即时通信行业发展势态良好，产品逐渐从沟通平台向服务平台拓展，在个人用户方面，即时通信已经成为用户数字化生活的基础平台；在企业用户方面，即时通信开始成为企业信息化转型的得力助手。

图3-8　2018年6月至2021年6月即时通信用户规模及使用率

即时通信工具是由几个以色列青年发明的，最早的即时通信软件叫"icq"，即英文"I seek you"的谐音，意为我在寻找你。软件最初版本发布后，凭借其创意，用户规模迅速扩大，后被美国在线（AOL）公司收购。icq目前主要市场在美洲和欧洲。因其不符合中文用户的习惯，在国内用户较少。（图3-9）

图3-9　icq标志图片

目前国内用户规模较大的即时通信工具是腾讯旗下的QQ、微信，2020年受疫情和网课等因素影响，阿里巴巴旗下的钉钉用户规模迅速扩大，另外为淘宝沟通便利而打造的即时通信工具阿里旺旺、微软旗下的MSN等也都较为常用。

二、认识即时通信营销概念

即时通信营销，是企业通过即时通信工具推广产品和品牌的一种手段。

常见的即时通信营销主要有以下两种。第一种是网络在线交流。企业开设网店或者建立网站时，一般会设置"在线联系"的功能，利用即时通信工具与潜在消费者进行双向沟通。第二种是把即时通信工具作为网络广告推广的媒体。通过即时通信工具，企业可以发布产品和促销信息，进行品牌宣传。

三、知悉即时通信营销优势

1. 精准性高

随着市场竞争的加剧，即时通信服务提供商逐渐丰富软件功能，比如腾讯早期推出的QQ群。不同主题的QQ群，汇聚了具有共同爱好或者需求的用户，通过这些QQ群，可以精准地进行营销活动。

2. 灵活性大

即时通信营销可以随时改变策略、规模和覆盖度。

3. 成本较低

一般即时通信工具都是免费的，部分VIP项目涉及的费用也较低，比起传统的广告宣传，成本要低很多。

4. 不受时空限制

只要有互联网的地方就可以登录即时通信工具，相隔万里的两个用户也可以实现即时沟通。

◉ 活动二　掌握即时通信营销技巧

活动背景

了解了即时通信的概念及主要工具以及即时通信营销概念和优势之后，李明打算动手实践，尝试用即时通信工具做推广，但是具体应该从什么工具入手，怎样进行推广呢？

知识探究

一、了解即时通信典型代表——QQ

腾讯QQ的主要功能如下。

1. 聊天功能

利用QQ软件，可以进行文字聊天、两人或多人通话等。腾讯QQ的聊天界面如图3-10所示。

图3-10　腾讯QQ的聊天界面

2. 支付功能

QQ包含钱包功能，打开QQ主页上的头像，选择"我的钱包"选项，即可使用该项功能。需要注意的是只有进行了实名认证之后才可以使用QQ钱包。（图3-11）

图3-11　腾讯QQ钱包标志

3. 文件传输

QQ可以实现文件传送和共享，可以直接将文件在计算机和手机之间互传，也可以方便

地发送给其他人。（图3-12）

图3-12　腾讯QQ文件跨终端传输

4. QQ群和兴趣部落功能

QQ群是腾讯公司推出的多人聊天交流的一个公众平台，群主在创建群以后，可以邀请朋友或者有共同兴趣爱好的人到一个群里面聊天。在群内除了聊天，还有群空间服务，用户可以使用群论坛、相册、共享文件、群视频等方式进行交流。QQ群是一个聚集一定数量QQ用户的长期稳定的公共聊天室。最常见的有班级QQ群、工作QQ群和兴趣QQ群等。

兴趣部落，是基于兴趣公开的主题社区，与拥有共同兴趣标签的QQ群进行打通和关联，形成以兴趣聚合的社交生态系统。兴趣部落结合了论坛、话题、圈子、QQ群四大优点。（图3-13）

图3-13　QQ兴趣部落界面

QQ用户可以在兴趣部落里实现交流讨论、信息沉淀，也可加入相关联的QQ群进行实时聊天；用户还可从相对私密的QQ群里走出来，加入公开的兴趣部落，扩展社交边界。QQ群和兴趣部落为企业开展社群营销提供了极佳的平台。

二、掌握QQ营销技巧

1. QQ营销的概念

QQ营销是指网络营销人员通过QQ即时聊天工具，实现即时交流和反馈，从而促进销售的一种营销手段。

2. QQ营销的特点

（1）精准、有针对性

QQ群是具有共同兴趣爱好的用户的聚集地，相关的群成员就是潜在的目标客户。

（2）简单、易于操作

QQ群的操作相对简单，没有过于复杂的技术。

（3）互动性强

在QQ群中发布信息后，可以直接与用户互动，收集用户对产品的建议，或者一步步引导用户了解产品。

（4）效果可追踪

QQ营销中可以附带网页链接，如果在链接的登录页中加入用户行为跟踪程序，就可以精确计算出用户互动的最终效果。

（5）精确定位

QQ群是典型的按用户习性特点自然分群的，所以QQ营销可以实现精确定位，在选择QQ群时可以根据客户的特点进行。

（6）形式多样

QQ营销还包括QQ群内的邮件营销、QQ空间内论坛营销，它们营销的模式既可以是文字，也可以是图片，形式多样，有利于进行整合营销，开展组合式宣传。

三、知悉QQ群营销技巧

1. 学会寻找高质量的QQ群

寻找QQ群有两种方式

（1）通过QQ群的查找功能找群

掌握QQ群营销

打开QQ页面，单击右下角查找功能，在搜索框中输入关键词，选择合适的目标群。选群时要选择与查找目标相关度高、人数多、活跃度高的群，同时要尽量避开同行所在的QQ群。（图3-14）

（2）到相关的网站中寻找与目标相关的QQ群

例如，如果要搜索与"人力资源师考试"相关的QQ群，可以先在搜索引擎中搜索"人力资源师考试"专题网站，此类网站一般建有QQ群，这样加入的QQ群质量更高。（图3-15）

2. 进行QQ群推广

找到并加入高质量的QQ群之后，就要进行推广。很多人加群后直接发布广告，这样做很容易被"踢"。进行QQ群推广主要有以下技巧。

要根据不同类型的QQ群，巧妙设计与群主题相关的信息，最好配合赠品策略或促销策略，以达到营销的效果。比如，如果是在以"减肥"为主题的群内，可以结合减肥攻略，帮

图3-14 QQ群"找群"界面

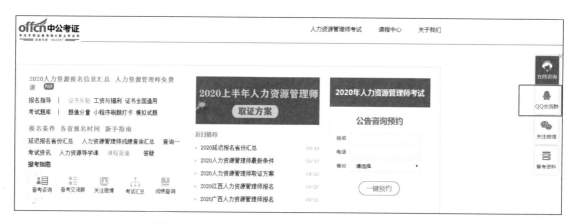

图3-15 某考试网站中推荐的人力资源师考试QQ群

助大家制订减肥计划，把产品推广的信息融合进去。

结合热点话题和搞笑语言吸引眼球，巧妙推出产品。多发一些与产品相关的幽默图片或笑话，然后根据图片的内容配上搞笑的文字，在图片上打上产品的名称、企业徽标或者网址，在轻松娱乐的氛围中达到宣传产品和企业的目的。

用多个QQ号加群，用小号引话题，大号推产品，引导用户。用小号引出话题或提出问题，大号免费帮助群用户解决问题，与群用户积极互动，分享有价值的资源，带动交流的气氛，适时推出产品，一步步引导用户了解产品。

合作实训

①李明近期打算做人力资源师考试书籍推广，请同学们帮他选择合适的QQ群，并设计QQ群信息，帮助其开展QQ群营销。

②根据表3-3所示的活动评价项目及标准总结自己的学习成果。

表3-3　项目评价表

评价项目	QQ群的选择（40%）	QQ群信息的撰写（40%）	职业素养（20%）
评价标准	1. 所选QQ群符合产品特点，目标客户集中，推广效果好 2. 所选QQ群有一定推广效果 3. 所选QQ群不符合产品特点，知名度低，推广效果差	1. 主题明确，内容清晰，实用性强，推广效果好 2. 内容基本符合要求，能达到一定的推广效果 3. 撰写内容不符合要求，达不到推广效果或未完成撰写	1. 大有提升 2. 略有提升 3. 没有提升
自己评分			
小组评分			
教师评分			
总得分			

案例分享

即时通信营销

一、依托QQ群开展活动，提高品牌知名度

QQ群是具有共同兴趣爱好的用户的聚集地，QQ群提供了很多功能，用户可以使用群论坛、相册、共享文件、群视频等方式进行交流。QQ群的诸多功能成为企业开展品牌宣传、提高用户黏性的重要平台。

邢帅教育是一家专注于职业技能培训的在线教育机构，目前已开设课程涵盖设计创作、IT互联网、职场技能、升学自考和兴趣生活等领域。

邢帅教育发展到现在，离不开即时通信营销的成功。在邢帅教育最初运营阶段，主要通过QQ群等方式进行推广和授课，收到了很好的效果，所建立的QQ群规模不断扩大。借助大平台的上升势能，邢帅教育日益壮大，在几乎没有投入任何广告的情况下，收入却非常可观。

二、搞笑图片吸引眼球，巧妙传递品牌信息

企业在开展QQ群营销时，可以在幽默图片或文字中融入企业产品和品牌相关信息，在轻松的氛围中提高产品和品牌的关注度。

广东香恋鞋业策划了一次成功的QQ营销，取材于网络流行的暴走漫画，根据图片中的人物表情，配以搞笑的旁白，让大家在开心、搞笑中记住了产品，在网友的转发中宣传了企业。

任务四　熟悉视频（直播）营销

任务概述

李明在电子商务专业学习已经有一段时日。有一天学校创业社团的同学邀请李明一起搞一场直播带货的创业体验活动，李明感到非常兴奋。他决定先回去好好了解一下什么是视频（直播）营销，视频（直播）营销有哪些技巧。

任务分解

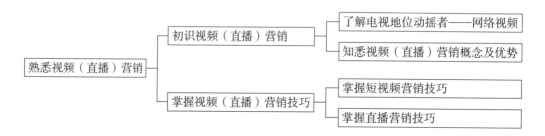

活动一　初识视频（直播）营销

活动背景

要进行视频（直播）营销，首先要知道什么是视频（直播）营销，它的优势在哪里。为了能对视频（直播）营销有整体上的认识，李明特意到图书馆，借了很多视频（直播）营销的书，打算从视频（直播）营销的工具——网络视频入手，好好研究一下。

知识探究

一、了解电视地位动摇者——网络视频

随着科技的快速发展，网络视频成为人们生活中的一项重要内容。外出旅行看到了美丽的风景，随手拍摄下来发到朋友圈；制作了一顿色香味俱全的晚餐，录个视频上传到抖音。在不知不觉间，每个人都成了视频的创作者，视频也成了生活、娱乐、工作的重要工具。

提起视频，人们首先会联想到电视。在当今的营销市场，电视仍然扮演着重要的角色，是视频广告播放的重要媒体。然而传统的电视作为视频媒体有着难以改变的缺点：受众只能是单向接受信息，难以互动参与，很难实现互动营销；电视广告是一种强势广告，在固定时间面向所有客户端播出，很难实现精准营销和软营销。

网络视频可以突破这些局限，带来互动营销的新平台。随着互联网的发展和视频网站的兴起，视频营销也越来越被很多企业重视，成为网络营销的利器。

到底什么是网络视频呢？网络视频是在网络上以WMV、RM、RMVB、FLV以及MOV等视频文件格式传播的动态影像，包括各类影视节目、新闻、广告、Flash动画、自拍DV、聊天视频、游戏视频、监控视频等。简单而言，网络视频，就是互联网和视频的结合，视频播放的平台主要是在互联网上。我们经常将网络视频分为长视频、短视频，最近兴起的直播也是网络视频的一种。

二、知悉视频（直播）营销概念及优势

视频（直播）营销是指基于以视频网站为核心的网络平台，以内容为核心、创意为导向，利用精细策划的视频内容实现产品营销与品牌传播的目的。视频（直播）营销是"视频"和"互联网"的结合，具备二者的优点：既具有电视短片的优点，如感染力强、形式内容多样、创意新颖等，又有互联网营销的优势，如互动性强、主动传播性强、传播速度快、成本低廉等。

视频（直播）营销的厉害之处在于传播既精准又快速，用户产生兴趣后，会主动关注视频，再由关注者变为传播分享者，而被传播对象是有着一样特征兴趣的人。这一系列的过程就是对目标消费者的精准筛选与传播。

◎ 活动二　掌握视频（直播）营销技巧

活动背景

了解了网络视频、视频（直播）营销的概念及优势，李明想进一步了解视频（直播）营销的技巧，为顺利举办活动做好筹划。

知识探究

在本部分内容中，我们主要探究视频（直播）营销较具代表性的短视频营销和直播营销。

一、掌握短视频营销技巧

1. 短视频

短视频，即短片视频，是在长视频的发展过程中逐渐出现的，一般指播放时长在10分钟以内的视频。随着移动终端的普及和网络的提速，短平快的大流量传播内容逐渐获得各大平台、粉丝和资本的青睐。

短视频具有如下特点：时长一般在10分钟以内，节奏较快，内容充实，适用于碎片化时间消费。

2. 短视频营销

短视频营销就是利用网络视频展示产品的优点及企业的品牌理念，将互联网、视频、营销三者相结合的营销活动。短视频营销具有以下特点：

互动性强。现在很多短视频发布平台均有留言、评论、弹幕等功能，通过这些功能，用户可以随时发表意见，企业也可以实时获取用户的反馈。

成本低。相比传统广告和长视频，短视频的营销成本低很多。从视频制作到推广维护，其低成本优势都能得到体现。有时一个人凭借一部手机就可以完成一个短视频的制作。

效率高。短视频的高效性在于，消费者可以直接通过短视频的展示购买产品。

3. 短视频营销技巧

注重内容的个性化和趣味性。短视频的种类和内容丰富，但质量参差不齐，用户渴望看到高质量的、有个性的、有趣味的内容。要获得好的营销效果，就要输出个性化、趣味性的内容。

巧妙借用热点话题，帮助短视频快速升温。热点话题要根据短视频目标用户的定位来进行选取，运用该部分用户更加感兴趣的热点话题，可以起到更好的效果。话题获取的方式很

多，比如门户网站、热搜等。

打造独特的短视频标签。要想在众多的短视频中谋得一席之地，打造独特的个性化标签是一个非常好的方法。标签化是生活中常见的一种现象，给短视频订立标签要经过深思熟虑，一旦确定不能随意更改。

二、掌握直播营销技巧

1. 认识直播营销概念

直播营销是指在现场随着事件的发生、发展进程同时制作和播出节目的营销方式，该营销活动以直播平台为载体，以企业品牌提升或销量增长为目的。2020年受疫情影响，线下活动受影响，小米10携手微博进行线上直播发布会，微博直播观看量超过1147万，核心话题阅读量超过20亿，讨论量超过148万，直播1分钟全平台销售额破2亿，斩获天猫当日手机单品销量、销售额双料冠军，实现首卖大捷。（图3-16）

图3-16　小米10携手微博开展线上直播发布会

2. 知悉直播营销技巧

直播平台种类多样，要想保证直播成功，首先要选择一个好的平台。目前国内直播平台比较热门的有抖音、快手等，微博、腾讯QQ等也都有直播功能。选择直播平台时，要结合平台用户群体和企业自身实际情况进行分析。下面我们来看一看直播营销的技巧。

（1）直播前

①预热。提前预热，在微信、微博、QQ、论坛等各个平台发布宣传软文，与用户一起讨论直播主题，活跃用户群，引起用户的关注及转发。

②邀约。发起邀约有奖活动，充分调动每位关注者。也可提前挑选一部分用户，以电话或邀请函的方式定向邀请。

③设备。拍摄设备是用手机还是摄像机要提前确定，确定后要反复测试，保证直播当天的网络流畅、画面清楚、声音清晰。

④主讲。主讲要对产品了如指掌，能够运用轻松的语言阐述产品价值、品牌含义以及切中消费者痛点，能够营造出产品很靠谱、它就是用户想要的产品的氛围。

（2）直播中

①场景营销。直播营销对整体氛围和自身产品形态营造的要求很高，它能够基于场景不

露痕迹地把产品融入其中，给用户极大的沉浸感。

②互动聊天。要频繁回答观众问题，保证互动率；直播过程中会不断有新观众进入，最好每隔十分钟就重复之前所讲的重点。

③促销配合。在直播过程中穿插秒杀活动、免费体验活动、赠送代金券活动等，这些促销手段对于只有几小时的直播来说非常重要，它们可以给企业圈大量的新粉，把大批观望者变成企业的用户。

④团队作战。直播营销，互动性和参与感尤其重要，除了主讲者的个人魅力外，还需一位主持人维持直播间秩序，一位小助手答疑解惑，一群人摇旗呐喊。

（3）直播后

①视频存储。直播结束后，生成回放链接广泛传播，进行二次营销。

②数据分析。直播结束后了解用户量、在线人数、观看时长、互动消息等信息，为直播效果评估提供数据，为以后直播积累经验。

③跟踪转化。获取用户后要及时跟踪，提高成交量。

合作实训

①请同学们选择一家视频平台，注册（如已有账号直接登录）自己的账号，选择自己感兴趣的品牌或带货主播，进入相关直播间观看。

②选取自己认为最好的直播间与同学们进行分享，分析吸引用户的原因。

③根据表3-4所示的活动评价项目及标准总结自己的学习成果。

表3-4　项目评价表

评价项目	平台的选取及账号的注册情况（40%）	直播情况分析（40%）	职业素养（20%）
评价标准	1. 成功注册账号，并选择优秀的主播或者品牌直播效果出色的直播间，进入并观看现场直播 2. 仅完成账号的注册，并找到直播间 3. 未能成功完成账号注册及观看直播任务	1. 能够客观、准确地发掘主播或品牌直播成功的技巧和优势 2. 能够找到直播间，并从某一角度分析其成功原因 3. 未进入直播间，未进行分析	1. 大有提升 2. 略有提升 3. 没有提升
自己评分			
小组评分			
教师评分			
总得分			

案例分享

了解抖音短视频营销

任务五 掌握移动新媒体营销

李明在某电视剧中看到人们给每棵茶树挂了二维码，用户可以进行认养，这是一种极好的营销手段，为茶厂带来了新的生机。这让李明对二维码营销很好奇，想详细了解二维码营销方面的知识。该从何处入手呢？他打算从移动新媒体营销开始，系统学习一下。

任务分解

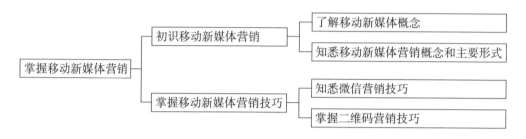

活动一 初识移动新媒体营销

活动背景

李明要深入了解移动新媒体营销，决定从新媒体的概念入手，进一步引出移动新媒体营销的概念。

知识探究

一、了解移动新媒体概念

随着手机、平板电脑、智能电视等的普及，我们已全面进入移动新媒体时代。中国互联网络信息中心发布的第48次《中国互联网络发展状况统计报告》显示，2021年上半年，移动互联网接入流量达1033亿GB。随着移动互联网技术的发展，移动新媒体获得迅速发展。（图3-17）

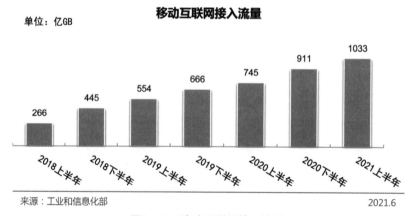

移动互联网接入流量

单位：亿GB

来源：工业和信息化部 2021.6

图3-17 移动互联网接入流量

移动新媒体，是指"以移动终端载体和无线网络为传播介质，以手机媒体、平板电脑等移动智能终端和以车载电视、兼具户外媒体的时空移动终端系统为典型代表，实现文字、图像、音频、视频等内容的传播和服务的新传播形式"。依靠网络技术和数字技术的发展，移动新媒体不断衍变出多元化的媒介形态。

二、知悉移动新媒体营销概念和主要形式

所谓移动新媒体营销，简单说来，就是企业通过移动新媒体开展的营销活动，是企业开展网络营销活动的一种重要方式。随着新型技术的发展，移动新媒体的营销方式也越来越多，在本部分内容中，我们重点介绍微信营销和二维码营销。

1. 微信营销

微信是腾讯公司的应用服务程序，于2011年推出，支持跨通信运营商、跨操作系统平台通过网络快速发送免费语音短信、视频、图片和文字，也可以使用通过共享流媒体内容的资料和基于位置的社交插件"摇一摇""漂流瓶""朋友圈""公众平台""语音记事本"等。

微信营销是企业和个人利用微信平台，对微信用户进行的营销活动，企业和个人可以通过微信提供的朋友圈、订阅号、服务号等功能进行点对点精准营销。

2. 二维码营销

二维码是指在一维条码的基础上扩展出另一维具有可读性的条码，使用黑白矩形图案表示二进制数据，被设备扫描后可获取其中所包含的信息。（图3-18）

它存储的信息比传统的条形码多，也能表示更多的数据类型。二维码通常有特定的定位标记，不管是从何种方向读取都可以被识别。

图3-18　二维码示例

二维码营销是指通过对二维码图案的传播，引导消费者扫描二维码，来推广相关的产品资讯、促销活动，刺激消费者产生购买行为的新型营销方式。

（（●）） 活动二　掌握移动新媒体营销技巧

活动背景

对移动新媒体营销有了一定的认识后，李明决定从一些典型的新媒体营销技巧入手，以形成更为直观的认识。

知识探究

一、知悉微信营销技巧

微信营销主要包括个人账号营销和微信公众平台营销两大部分。微信个人账号营销主要是通过加微信好友、微信群以及在朋友圈发布广告等形式进行，与之前提到的QQ营销有共同之处，在此不再详细阐述。我们重点来看一下微信公众平台营销。

微信公众平台是腾讯公司在微信的基础上新增的功能模块。通过这一平台，个人和企业可以注册微信公众号，实现和特定群体的文字、图片、语音的全方位沟通、互动。微信公众平台分为订阅号、服务号，另外还有主要面向企业内部职工的企业号，以及微信最新增加的小程序功能。（表3-5、表3-6、图3-19）

表3-5　公众号类型功能介绍

账号类型	功能介绍
订阅号	主要偏于为用户传达资讯（类似报纸杂志），认证前后都是每天只可以群发一条消息。（适用于个人和组织）
服务号	主要偏于服务交互（类似银行、114，提供服务查询），认证前后都是每个月可群发4条消息。（不适用于个人）
企业微信	企业微信是一个面向企业级市场的产品，是一个有独立APP且好用的基础办公沟通工具，拥有最基础和最实用的功能，是专门提供给企业使用的IM产品。（适用于企业、政府、事业单位或其他组织）
小程序	是一种新的开放能力，开发者可以快速地开发一个小程序。小程序可以在微信内被便捷地获取和传播，同时具有出色的使用体验。

温馨提示：

1. 如果想简单地发送消息，达到宣传效果，建议选择订阅号。
2. 如果想用公众号获得更多的功能，如开通微信支付，建议选择服务号。
3. 如果想用来管理内部员工、团队，对内使用，可申请企业微信。
4. 原企业号已升级为企业微信。

表3-6　服务号、订阅号功能区别

功能权限	普通订阅号	微信认证订阅号	普通服务号	微信认证服务号
消息直接显示在好友对话列表中			√	√
消息显示在"订阅"文件夹中	√	√		
每天可以群发1条消息	√	√		
每个月可以群发4条消息			√	√
无限制群发				
保密消息禁止转发				
关注时验证身份				
基本的消息接收/运营接口	√	√	√	√
聊天界面底部，自定义菜单	√	√	√	√
定制应用				
高级接口能力		部分支持		√
微信支付-商户功能		部分支持		√

1. 微信公众号的注册

①打开微信公众平台官网，右上角点击"立即注册"。（图3-20）

②选择账号类型。（图3-21）

③填写邮箱并登录邮箱，查看激活邮件，填写邮箱验证码激活。（图3-22、图3-23）

④了解订阅号、服务号和企业微信的区别后，选择想要的账号类型。（图3-24）

图3-25为订阅号、服务号和企业微信在手机端的展示效果。

图3-19 腾讯客服公众号，可扫码进入了解更多的信息

图3-20 微信公众平台注册界面

图3-21 微信公众平台账号选择界面

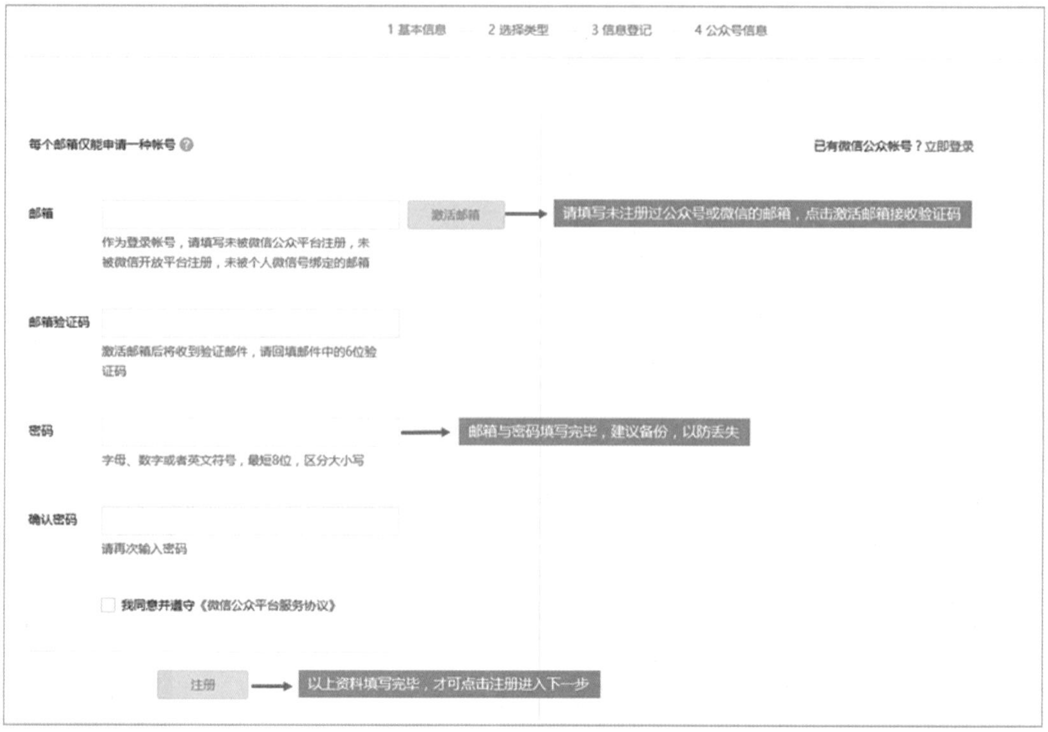

图3-22 微信公众平台注册基本信息填写界面

图3-23 微信公众平台邮箱激活界面

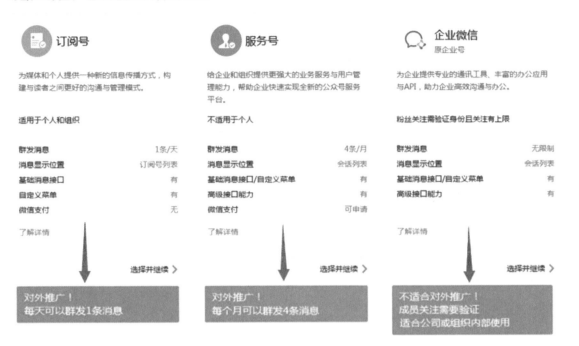

图3-24 微信公众平台账号类型选择界面

图3-25 订阅号、服务号和企业微信在手机端的展示效果

⑤进行信息登记，选择个人类型之后，填写身份证信息。（图3-26）

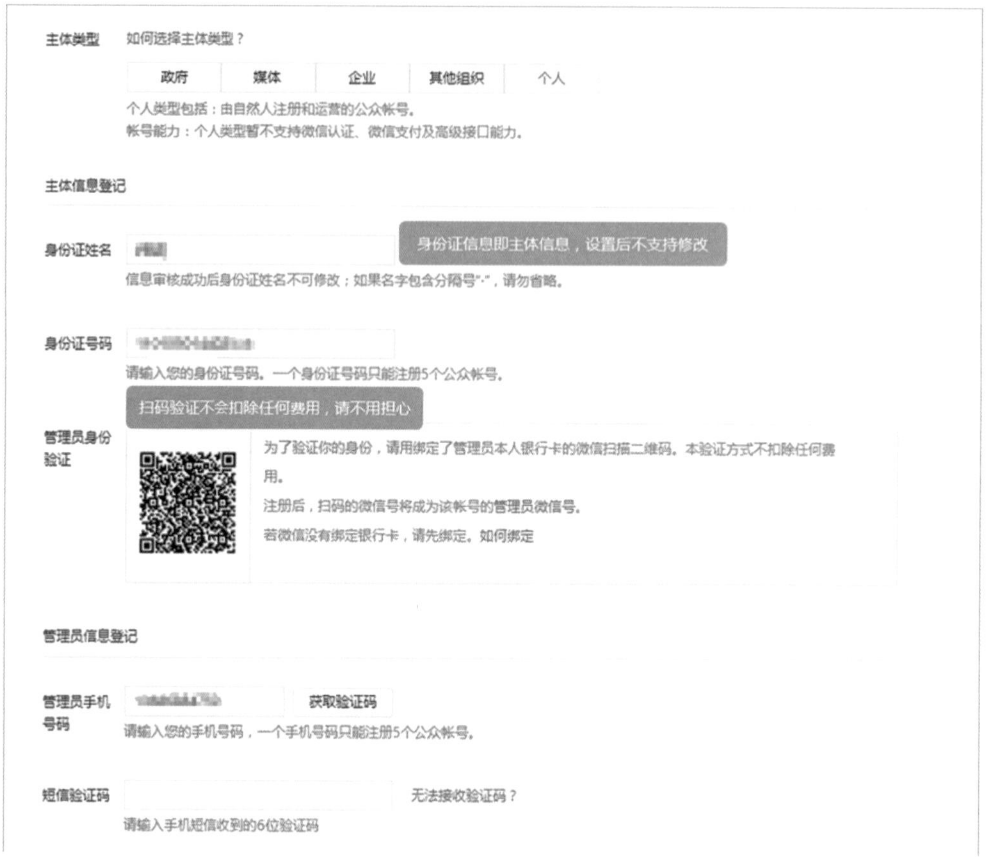

图3-26　信息登记界面

⑥填写账号信息，包括公众号名称、功能介绍，选择运营地区。（图3-27、图3-28）

图3-27　公众号信息填写界面

图3-28　微信公众号注册成功界面

2. 微信公众号的推广

完成微信公众号注册之后，下一步就是吸引用户关注公众号。可以对微信公众号进行网络推广，以下为几种常见的推广技巧。

①社群推广。结合前文讲述的QQ群营销的方法，在微信群或者QQ群中进行推广。

②微信公众号互推。找到与自身公众号用户群体相重合的其他公众号，进行互推。

③付费网络广告投放。在朋友圈等开展网络广告投放。

④免费赠送。通过免费分享或者赠送礼品给用户的方式，吸引用户关注。

3. 微信公众号内容运营技巧

微信公众号建立后，重点是向用户推送信息。微信内容质量的高低决定了是否能够留住粉丝，同时优质的内容也有利于用户间形成病毒式传播，进一步扩大微信公众号的影响力，提高营销效果。

一篇优质的微信公众号文章，标题要能足够吸引人，正文内容要符合用户特征，能够满足用户需求。在注重企业营销内容的同时，重视从用户的角度出发，满足他们的真实需求。

4. 注重与粉丝互动

设置关键词回复，及时与用户进行交流；进行留言管理，及时查看回复粉丝留言；建立微信群，在群内与用户进行互动。

二、掌握二维码营销技巧

1. 二维码的制作

二维码使用方便，信息存储量大，那么如何生成自己的二维码呢？我们可以借助二维码生成器，如草料二维码等，来实现二维码的制作。如图3-29所示，可以直接将文本、网址等信息贴到编辑框里，点击"生成二维码"即可。

草料二维码　　　　　　　　　首页　　模板库　　应用方案

文本　　网址　　文件　　图片　　音视频　　名片　　微信　　表单　　更多工具

请输入文字内容

高级编辑

生成二维码

图3-29　草料二维码的生成页面

2. 掌握二维码营销技巧

（1）精心设计二维码，吸引顾客目光

可以通过增加二维码色彩、改变二维码图案等方式吸引顾客目光。

（2）充分保障顾客利益

开展二维码营销要从顾客的利益出发。如某咖啡店和报社联合进行二维码营销活动，在咖啡店里，所有用来隔热的纸套，都印有一个可供用户进行扫描的二维码，二维码内是最新最热的新闻信息。咖啡店针对上班族习惯一边喝着香醇的咖啡一边阅读当天早报的生活方式，创意利用二维码体积小、信息含量大的特点，为顾客提供双重服务，给顾客带来利益，也为自己留住了顾客。

（3）提供优质服务

二维码是一种用户友好度很高的技术，企业借助二维码，能够为顾客带来更多优质的服务。例如，一些网站的登录以及账号注册时的文字录入工作，可以通过扫描二维码来替代，能够更加快速、便捷地让顾客找到企业所提供的核心页面，为顾客提供更便利的服务。

合作实训

①在某电视剧中，茶树二维码帮助人们走出了营销困境。请同学们想一想，除了通过二维码进行茶树认养之外，还可以采取哪些二维码营销方式呢？请同学们使用草料二维码，设计一个二维码广告。

②根据表3-7所示的活动评价项目及标准总结自己的学习成果。

表3-7　项目评价表

评价项目	营销方式的设计（40%）	二维码广告设计（40%）	职业素养（20%）
评价标准	1. 提出的营销方式可行、有效 2. 提出的营销方式具有一定的可行性 3. 提出的营销方式不可行	1. 主题明确，画面美观，推广效果好 2. 内容基本符合要求，画面美观，能达到一定的推广效果 3. 广告设计达不到推广效果或未完成设计	1. 大有提升 2. 略有提升 3. 没有提升
自己评分			
小组评分			
教师评分			
总得分			

案例分享

移动新媒体营销

一、充分应用微信公众号功能，持续提升连接用户能力

随着微信用户规模的攀升，越来越多的企业认识到微信的重要性，探索微信营销模式。抓住并且利用好微信这个平台，对企业发展至关重要，很多传统企业开始进军微信。例如，太平洋咖啡的微信营销模式为其他企业开展微信营销提供了很好的借鉴。通过微信公众平台，太平洋咖啡实现了与消费者的线上与线下的联动，进一步提高了品牌知名度，扩大了用户规模。

从线上随时随地获得身边的门店信息、咖啡购买、订单查询、会员管理到线下咖啡兑换，太平洋咖啡的消费全流程均可在微信公众平台上完成。微信公众号里还提供了地图查询和卡路里计算等小工具。例如，点击"附近门店"，通过用户的触发操作（发送位置信息给太平洋咖啡官方微信号），用户即可查找到最近的太平洋咖啡门店的地址、路线和相关信息。作为内置的轻应用，"卡路里计算器"则可以提供给消费者指定饮品的营养成分列表。这些都极大推动了消费者的交易行为。

当消费者挑选好想喝的饮品后，太平洋咖啡的微信公众号上提供了两种支付方式：第一种是消费者可以通过扫描特定商品的二维码，直接接入微信支付，完成支付后，公众号会直接推送凭证并指引消费者前往门店兑换。第二种方式是直接调取H5形式的商品页面，再进入支付流程。除了咖啡，这个菜单还能实现小商品和咖啡机在线售卖。

太平洋咖啡还提供了另外两种支付模式——会员卡消费和积分兑换。利用微信提供的Open ID接口，太平洋咖啡完成了资深会员体系与微信用户体系的融合，建立起数字化连接，实现了会员卡的绑定、查询、充值、积分兑换，甚至传统电子优惠券的使用，从而可以触达用户实现二次连接。

除了线下和线上会员体系的对接，太平洋咖啡在维护客户关系上也玩出了不少新意。"光棍节"时，太平洋咖啡就推出了"闲置表白换福利"活动，用户只要对账号说出我爱你，即可得到相应的优惠。

至此，微信对服务账号免费开放的九大接口中的"基础消息""自定义菜单""语音接口""二维码""地理位置""网页授权接口"六个已经在太平洋咖啡的公众号得到了较好的应用。太平洋咖啡因此成为微信持续提升连接能力的真实范本，为微信连接能力向更多行业进行延伸提供了更多想象空间。

二、创新二维码设置方式，有效吸引用户关注

在二维码营销中，发挥创意设置新的二维码获取方式，可以吸引人们的关注，有效提升扫码概率。

韩国E-MART超市为了在顾客稀少的中午时段提高超市的人流量和销售量，别出心裁地在户外的一些地方设置了一个非常有意思的二维码装置，在一般的情况下这个二维码是无法显现并扫描获得链接的，只有在中午太阳照射时产生了一定的投影，才能正常显现出来。此时扫描不仅有效还可以获得一张超市的优惠券，并且可以在线进行消费，提供配送到家服务，可以说是非常方便了。

隐形二维码只有在中午太阳照射时才会出现，这本身就充满科技感和趣味感，能够吸引路人的好奇和注意，并在中午时特地去扫描二维码一探究竟。获得超市的优惠券是常见的福利手段，借助隐形二维码的途径获得优惠券对消费者来说是有意思的福利，而在线购物、送货上门也增强了顾客在这一时段进行消费的意愿。

项目小结

本项目主要介绍了微博营销、网络论坛营销、即时通信营销、视频（直播）营销、移动新媒体营销等内容。在微博营销中，介绍了微博营销的概念、微博账号的注册、微博内容的撰写及评论转发等内容；在网络论坛营销中，介绍了论坛营销的概念、特点和类型，论坛营销的技巧；在即时通信营销中，重点介绍了即时通信营销的概念和优势，以QQ为例介绍了即时通信营销技巧；在视频（直播）营销中，讲解了视频（直播）营销的概念及优势，介绍了短视频、直播营销的技巧；在移动新媒体营销中，介绍了移动新媒体营销的概念、主要形式以及营销技巧。

项目检测

一、单选题

1. 以下不属于微博特点的有（　　　）。

A. 便捷性　　　　B. 传播性　　　　C. 原创性　　　　D. 高成本

2. 论坛又名（　　　）。

A. BBS　　　　B. B2B　　　　C. SNS　　　　D. H5

3. 论坛营销就是企业利用（　　　）这种网络交流的平台，通过文字、图片、视频等方式发布企业的产品和服务的信息，从而让目标客户更加深刻地了解企业的产品和服务，最终达到宣传企业品牌、加深市场认知度的网络营销活动。

A. 微博　　　　B. 论坛　　　　C. QQ　　　　D. 微信

4. 即时通信，简称（　　　），就是通常所说的在线聊天工具。

A. IM　　　　B. IT　　　　C. QQ　　　　D. BBS

5. 以下不属于短视频营销特点的有（　　　）。

A. 互动性强　　　　B. 成本低　　　　C. 效率高　　　　D. 传播速度慢

6. （　　　）是指"以移动终端载体和无线网络为传播介质，以手机媒体、平板电脑等移动智能终端和以车载电视、兼具户外媒体的时空移动终端系统为典型代表，实现文字、图像、音频、视频等内容的传播和服务的新传播形式"。

A. 短视频　　　　B. 长视频　　　　C. 二维码营销　　　　D. 移动新媒体

7. （　　　）是指在一维条码的基础上扩展出另一维具有可读性的条码，使用黑白矩形图案表示二进制数据，被设备扫描后可获取其中所包含的信息。

A. 二维码　　　　B. H5　　　　C. 条形码　　　　D. 微信

二、多选题

1. 微博营销的优势有哪些？（　　　　）

A. 门槛低、成本低 　　　　　　　　 B. 操作简单、传播速度快

C. 实时沟通、互动性强 　　　　　　 D. 形式多样、立体化表现

2. 转发微博的作用有（　　　　）。

A. 提高粉丝增加的概率 　　　　　　 B. 加强与用户的互动交流

C. 直接提高销量 　　　　　　　　　 D. 增加销售成本

3. 论坛营销的特点有（　　　　）。

A. 成本低，见效快 　　　　　　　　 B. 针对性强

C. 营销氛围好 　　　　　　　　　　 D. 口碑宣传比例高

4. 即时通信营销的优势有（　　　　）。

A. 门槛低 　　　　 B. 精准性高 　　　　 C. 灵活性大 　　　　 D. 成本较低

5. 以下属于腾讯QQ功能的有（　　　　）。

A. 聊天功能 　　　　　　　　　　　 B. 支付功能

C. 文件传输 　　　　　　　　　　　 D. QQ群和兴趣部落功能

三、判断题

1. 原创微博，是相对于转发别人的微博而言的。（　　　　）

2. 选择合适的目标论坛是做好论坛营销的第一步。（　　　　）

3. 帖子的标题直接影响到帖子的点击率。（　　　　）

4. 帖子发布后，会在用户间自发传播，不需要浪费人力物力维护与回复。（　　　　）

5. 即时通信营销又叫IM营销，是企业通过即时工具帮助企业推广产品和品牌的一种手段。（　　　　）

6. 进行QQ群推广时，可以直接在QQ群中发布广告。（　　　　）

7. 直播营销时，用户需要在一个特定的时间共同进入播放页面。（　　　　）

项目4 了解网络软文营销

项目概述

随着信息化时代的来临，用户的阅读习惯及方式发生了很大的改变。用户对电视、报纸、杂志等传统媒体硬广告的关注度不断下降，传统的营销效果逐渐变差。软文营销作为一种性价比高、互动性强且行之有效的营销方式，逐渐发展成为企业品牌推广和产品销售的重要手段。企业对具备软文营销技能人才的需求也呈现逐年上升的趋势。那什么是网络软文营销？如何通过网络软文来进行营销？

认知目标

1. 理解网络软文概念、载体类型、特点。

2. 学会撰写网络软文。

3. 了解网络软文营销概念、网络软文营销与网络软文的区别。

4. 领会网络软文营销的操作流程。

5. 掌握网络软文营销应具备的知识能力。

技能目标

1. 能够举例讲解什么是网络软文。

2. 能够准确描述网络软文营销主要岗位的工作内容。

3. 能够初步体验网络软文营销。

素养目标

1. 具备学习网络软文营销的兴趣。

2. 具有网络软文营销独立学习的能力。

3. 具备网络软文营销岗位工作意识。

任务一 认识网络软文

任务概述

李明毕业后想从事网络营销工作，所以自己很想在学校学习网络营销技能。李明在校期间学习了系统的网络营销专业课，发现自己对网络软文营销比较感兴趣，所以决定毕业后从事与网络软文营销相关的工作。于是在同学的建议和帮助下，他决定先利用两天时间了解一下网络软文的基础知识，体验一下身边的网络软文。

任务分解

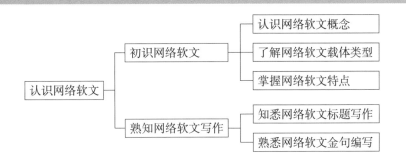

活动一　初识网络软文

活动背景

为了能对网络营销有整体上的认识，在兴趣小组同学的帮助下，李明列出了一个学习任务的清单，第一个学习任务就是认识网络软文。

知识探究

一、认识网络软文概念

1. 初识软文

什么是软文？文字从物理性质上是不能简单分为"软"和"硬"的，那如何理解软文呢？其实，软文这个词是近年来流行的一种说法。软和硬是受众对于文字的一种接受程度。硬，可以理解为"生硬""明显"；软，可以理解为"柔软""含蓄"等。软文是一种含蓄的、让受众容易接受的文字组织形式，以一种"润物细无声"的手法将信息传播给读者。

认识网络软文概念

2. 认识网络软文

网络软文，是借助网络渠道让受众容易接受的文字组织形式。更通俗地讲，网络软文是一种在网络上流通的文案，如广告、标语、口号等。

二、了解网络软文载体类型

借助于网络渠道，软文得以迅速发展，展现出强大的传播力量。根据传播渠道，网络软文一般可以分为如下几类。

1. 博客软文

博客是继电子邮件、论坛之后流行的网络交流方式，博客是网络时代的个人"读者文摘"。通过博客，既可以学到很多，也可以与别人分享你的学习。相对于其他的载体来说，虽然博客现在的关注度有所下降，但是博客中的软文相对比较轻松，可以多角度、多形式地撰写，同时在篇幅上没有过度限制，只要把想表达的观点阐述明白即可。值得注意的是，如果一篇软文在网络媒体上投放了，就不要原封不动搬到博客上，否则会降低百度收录网络媒体上该篇软文的概率，而且如果读者再次从博客上看到原文章，信任度也会大打折扣，影响软文的投放效果。

近两年，随着微信、抖音、快手等新媒体的快速崛起，有很多人认为博客营销没有价值。根据笔者在操作软文营销中的经验，博客软文对于搜索引擎优化仍然有价值，同时，如今的微博和博客已实现了一键分享功能，可以与微信朋友圈等相互打通。

2. 微信朋友圈软文

微信朋友圈，指的是腾讯微信上的一个社交功能，用户可以通过朋友圈发表文字和图片，同时可通过其他软件将文章或者音乐分享到朋友圈。用户可以对好友新发的照片进行评论或赞，其他用户只能看相同好友的评论或赞。经过几年的发展，目前微信朋友圈已成为活跃度最高的社群平台之一。面对如此庞大的用户群体，商家们陆续将目光从微博营销聚焦到微信平台软文营销。

微信与博客最大的不同在于微信中的好友大多是熟人，或者是朋友的朋友。因此，微信中的软文比博客中的软文更有可信度，也更容易产生效果。

3. 论坛软文

作为软文的载体之一，论坛可以用作普通的宣传活动，也可以针对特定的目标组织或者特殊人群进行重点宣传活动。论坛宣传比较容易激发消费者的认同以及心理上的共鸣，进而出现购买行为。

相比其他载体，论坛软文的用语不宜太书面化，尽量多用时尚网络语言，迎合广大网友的习惯，并以更为委婉的形式将想要表达的内容传递给读者。

论坛软文与其他载体软文的不同之处还在于，发布完之后可以顶帖。如果帖子热度较高，再加上成功顶帖，就会成为热门帖子，甚至被版主置顶，这样宣传效果就会事半功倍。

4. 抖音、快手等短视频软文

软文推广很重要的一条是利用读者的碎片时间。现在人们越来越依赖网络世界，除了工作、吃饭和睡觉休息之余的时间几乎都被人们用来上网或者社交。现在的人几乎没有一天不上网，不和其他人联络。软文推广要做的就是将人们的这些碎片时间利用起来，并且选取出一部分为自己所用。

就拿抖音来说，它为软文推广提供了新的方案，虽然是以视频形式呈现，但是我们依旧可以靠文字功底吸引用户。纯文字加视频配乐依旧是一个热门的推广方式。大部分人对于短小的文字都有阅读的兴趣。网络软文发展方向是文字时代→图片时代→短视频时代。

三、掌握网络软文特点

软文伴随各类媒体而生，从传统媒体的报纸和杂志，到门户网站和新闻媒体，再到现在的移动端新媒体，无处不见软文的踪影。软文营销以其成本低、传播途径广、说服力强、宣传效果好等特点受到越来越多企业的青睐。网络软文在新媒体时代下表现出以下几个特征。

1. 软

软，是指软文需要通俗易懂，容易被消费者接受，让受众看了没有排斥心理。相比生硬的广告，软文最大的特点就是看起来不是广告，同时可以和受众产生共鸣。软文既要干净利落，思路清晰，又要扬长避短，凭借精彩的内容吸引受众。

软文特点之软

2. 准

精准是软文的灵魂所在。撰写人首先要明确软文的目标是什么，受众群体是谁，核心卖点是什么。明确了这些，就可以精准定位，有的放矢。软文需要就事论事，需要考虑到读者的偏好以及阅读习惯。

3. 新

新对于软文来说尤为重要。网络软文只有针对社会热点及时报道、迅速传递信息，才能得到更多的评论和关注。网络软文需要紧跟时代热点，注重时效性。

软文特点之新

（）活动二　熟知网络软文写作

▊ 活动背景

通过一系列的学习，李明了解了软文写作相关的基础知识，明白了网络软文无处不在，想继续学习如何进行网络软文写作。

▊ 知识探究

一、知悉网络软文标题写作

标题是文章的灵魂，文章的标题不但要达到总结全文的作用，同时还必须具备新颖、吸引读者眼球的作用。可以看出，标题对于文案的重要性；相反，就是再厉害的文案写手，也救不了一则标题太弱的广告。一则好的标题可以让软文在海量的信息中脱颖而出，迅速抓住读者眼球。一旦读者被标题吸引，网络软文的目的就达到了一半。

知悉网络软文标题写作

对于初学网络软文的新手来说，网络软文的标题有一些可供参考的模板，可以迅速掌握标题写作的精髓。下面提供了六大常用公式。

1. 悬念式标题

悬念式标题是指在标题中不把内容概括清楚完整，将正文中最能吸引眼球的内容和细节提取出来，放在标题中给受众一种暗示；或者直接说一个令人感到惊讶的结论但不告诉其原因或过程，刻意营造悬念和制造疑问，让读者产生猎奇的心理和兴趣，想要一窥究竟。

悬念式标题主要有两大表现形式：一种是反常式悬念标题，句式为反常或好奇的内容+引出疑问；另一种是警惕恐惧型标题，句式是警惕性内容+悬疑内容。

案例分享

①反常型：蔬菜也有副作用，这3种不是所有人都能吃。

反常内容：蔬菜也有副作用。

引出疑问：哪3种不是所有人都能吃。

②警惕型：当心！槟榔也会致癌，出现这5个症状千万别忽视。

警惕词汇：当心、致癌、千万别忽视。

悬疑内容：出现哪5个症状。

悬念式标题设置要谨慎，需要控制唤起警惕和恐惧的程度，不宜过低也不能过高。过低无法吸引读者的兴趣，过高读者会逃避，甚至会引起社会恐慌并触犯法律。所以，悬念式标题的设定一定要从产品自身和服务出发，科学设置悬念的程度，吸引受众眼球。

【做一做】

请你运用悬念式标题的写作方式对以下标题进行优化：

瓜子二手车，没有中间商赚差价。

---

2. "搭顺风车"式标题

搭顺风车，是一种比喻，意思就是借力，借助当下热门事件和热门话题，将软文标题进行植入，充分发挥热点效应，增加网络软文在网络平台被搜索的概率，让网络软文在众多信息中脱颖而出。

"搭顺风车"式标题主要由以下要素构成：热门事件/知名人物+广告类别。

3. 数字式标题

数字具有极大的视觉冲击力，能够给受众带来巨大的震撼。当受众遇到数字时，好奇心驱使他们辨别数字的由来，从数字中寻找答案。一般而言，数字越大，带给受众的震撼越强。网络软文使用具体或特定数字，能够达到突出内容的目的，最终产生意想不到的效果，极大的数字带来极大的震撼。

【做一做】

请你运用数字式标题的写作方式对以下标题进行优化。

①武汉"一根排骨"，一天卖出2000根。

②安徽"老乡鸡"全国连锁800家。

4."揭秘式"标题

人类天生喜欢探索未知事物，对于好奇的、感兴趣的事情喜欢刨根问底。因此，设置"揭秘式"的标题，往往能引起读者的关注。这类标题常用的关键词有"揭秘""内幕""真相"等。如果在标题中加入权威行业机构或专业人士的背书，如"央视""3·15""医生"等词汇，将大大增加标题的公信力和吸引力，促使读者点击阅读。

"揭秘式"标题主要由以下要素组成：前缀（权威行业机构/专业人士）+秘闻式关键词+后缀（秘闻式句子）。

【做一做】

请你运用"揭秘式"标题的写作方式对以下标题进行优化：
买车时千万不能忽视的4个细节。

5."饥饿式"标题

"饥饿式"标题运用读者"物以稀为贵"的心理，在标题中给读者一个看似稀缺的计划，通过限时、限量、限人等进行约束，如"最后1次""仅限今天""最后100个名额"，让读者感受到"物以稀为贵"和产生"绝不能错过"的心理，从而促使点击阅读，刺激读者购买转换。

"饥饿式"标题主要由以下要素组成：饥饿式关键词+具体饥饿的内容。

案例分享

最后100个名额！××牌灵芝孢子粉免费领取！

关键词：最后100个名额。

具体内容：××牌灵芝孢子粉免费领取。

【做一做】

请你运用"饥饿式"标题的写作方式对以下标题进行优化：
华为全球感恩回馈，折叠手机5折起。

6."对比式"标题

小时候，经常听到家长说道"你看别人家的谁谁谁"，此类标题一出，会引起受众的不服，刺激受众付诸行动。"对比式"标题如"面试碰壁多少次，才知道去考个本科证""同样的工作，发工资后才发现，有学历和无学历差距那么大""你还在用手机刷快手抖音？他们都用手机学英语"。

二、熟悉网络软文金句编写

一篇好的网络软文，离不开软文金句的润色。金句，即指像金子一样有价值的句子、宝贵的话语。金句往往能发人深省，带来更多的传播。在网络软文中，金句如同锦上添花，会让读者印象深刻，引发共鸣。金句往往朗朗上口，又蕴含哲理；既容易被受众记住，又容易被广泛传播。金句的创造要求撰写者有一定的人生阅历和沉淀，但也有一定的规律可循，有一定的方法可套用。比如，运用修辞方法提炼金句，不同的修辞方法会让句子更传神。下面有五大网络软文金句写作手法，供大家学习。

1. 比喻

比喻是指根据不同事物性质的相似点，用一事物描写或说明另一事物，也称作"打比方"。

运用比喻的修辞手法，能够使描述的事物更形象生动，使抽象的观点或道理更具体浅显，从而引发读者联想。

2. 对比

对比是指把具有明显差异、矛盾和对立的双方进行比较，其表现形式主要有自己与他人对比、过去和现在对比等。运用对比手法，有利于充分显示事物的矛盾，突出被表现事物的本质特征，加强软文的艺术效果和感染力，引发读者共鸣。

3. 顶真

顶真是指上句的结尾与下句的开头是相同的字或词，即邻接的句子首尾蝉联，也称作"顶正""连珠"。运用顶真的修辞手法，不仅使上下句子语义连贯，前后逻辑严密，巧妙地构思更是让受众难忘。

4. 双关

双关是指运用词的多义或同音的条件，有意使语句具有双重意义，言在此意在彼，其主要表现形式有语义双关和谐音双关等。运用双关的修辞手法宣传品牌，能起到一石二鸟的效果，令人赏心悦目，回味无穷。

5. 换算

将难以理解的抽象或陌生的概念，或是产品或品牌的特点，与熟悉的事物或概念联系起来，做具体化的数据换算。运用换算的手法，能够让事物从抽象化为具体，从陌生变为熟悉，以便读者更容易理解。

案例分享

OPPO手机：充电5分钟，通话2小时。

用具体的数字说明OPPO手机快速充电的技术，能更加形象生动地突出产品的卖点。

合作实训

①请同学们下载小红书APP，注册小红书账号，关注某品牌化妆品。

②结合当下热点，在该品牌官方账号下留言，写一条软文策划。

③根据表4-1中所示的活动评价项目及标准总结自己的学习成果。

表4-1　项目评价表

评价项目	小红书账号的申请注册情况（40%）	软文撰写（40%）	职业素养（20%）
评价标准	1. 成功注册小红书账号，并进行基本的信息完善，粉丝数达到100人 2. 完成小红书账号的注册，粉丝数达到50人 3. 未注册小红书账号	1. 主题明确，内容清晰，实用性强，推广效果好 2. 软文内容基本符合要求，能达到一定的推广效果 3. 撰写内容不符合要求，达不到推广效果或未完成撰写	1. 大有提升 2. 略有提升 3. 没有提升
自己评分			
小组评分			
教师评分			
总得分			

任务二　学会网络软文营销

任务概述

李明完成了第一个任务，对网络软文以及网络软文写作已经很熟悉。为了更好地适应以后自己想从事的网络营销工作，接下来李明想学习网络软文营销，体验生活中的网络软文营销，通过成功案例，加深对网络软文营销的感性认识。

任务分解

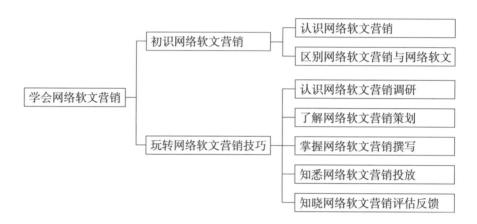

▣ 活动一　初识网络软文营销

活动背景

经过之前的学习，李明同学对网络软文有了整体的认识，在兴趣小组同学的帮助下，他列了下一阶段的学习任务清单，任务就是认识网络软文营销。

知识探究

一、认识网络软文营销

网络软文营销，以营销或者公关为目的，通过系列网络软文的策划、撰写、传播达成最终目标的系统性营销行为。随着互联网特别是移动互联网的兴起，软文营销正在以更新的形式、更广泛的渠道传播。比如，H5形式、微信海报形式、微信朋友圈、微信公众号等。值得关注的是，软文营销依托大数据做精准传播的趋势已经出现。

二、区别网络软文营销与网络软文

网络软文营销与网络软文是有区别的，具体如下。

首先，二者的行为方式不同。网络软文大多是单篇的文章策划和撰写，网络软文营销是一个系统的营销方式。网络软文营销可以简单理解为"有行动目标的文字以及文字和图片的组合"；网络软文营销需对企业内外资源进行整合，针对网络营销的目标进行内容策划和撰写，应有策略地进行传播。

其次，操作难易程度不一样。网络软文大家都可以尝试去写，而网络软文营销不仅需要内容方面的策划和撰写，更需要研究传播策略。

最后，影响力不同。虽然单篇的网络软文也有出现惊艳的情况，但是与持续发力的网络软文营销相比，在深度和广度方面远远不如网络软文营销的影响力。网络软文营销是一个系统的网络营销过程，具有动态、连续、闭环的特征，这是单篇网络软文所达不到的效果。

随着网络营销、电子商务的快速崛起，越来越多的企业开始意识到网络软文营销对企业的重要性，尝试开展网络软文营销为电商引流量，为产品打造品牌。一篇精心策划的网络软文，内容再好，也需要通过系统的网络传播策略传播出去，才能对营销起到四两拨千斤的效果。一篇优秀的网络软文是网络软文营销的前端，网络软文营销乃是将网络软文放到一个更好、更适合其发挥效应的平台上，二者相辅相成。

◉◉ 活动二　玩转网络软文营销技巧

▌▌ 活动背景

在充分认知网络软文营销的基础上，李明对于如何开展网络软文营销还没有思路，下一阶段他的学习任务是熟悉网络软文营销的具体流程。

▌▌ 知识探究

一、认识网络软文营销调研

营销调研，是指系统地、客观地收集、整理和分析市场营销活动的各种资料或数据，用以帮助营销管理人员制定有效的市场营销决策。一个企业在做网络软文营销时，必须有一个清晰的目标和定位。因此，前期的调研工作必须要深入，甚至要远远超过营销调研的范围。网络软文营销调研既要从企业内部调研，也要进行外部调研、第三方调研。

1. 网络软文营销内部调研

具体来说，网络软文营销内部调研的内容包括企业的创建史、商业模式、经营范围、企业荣誉、企业资质、组织架构、企业文化等，还需要了解企业内部人员、创业合作伙伴、第三方人员。对于这三个群体的调研，不一定要面面俱到，但是需要覆盖。

2. 网络软文营销外部调研

网络软文营销外部调研要求全面了解企业外部市场及竞争对手的情况，主要包括企业所在行业的发展情况及行业特点、行业排名前三的企业分析、竞争对手分析等内容。

其中竞争对手分析是网络软文营销外部调研最关键的内容，研究竞争对手的软文营销策略、软文选题方向、软文写作方法、软文投放平台及效果等，做到知己知彼，借鉴优势，扬长避短，从而找到适合企业自身网络软文营销的方法。

3. 第三方调研

第三方调研包括企业客户群的主要特征、企业客户群的行为习惯、客户对企业产品或服务的评价、企业合作伙伴的情况。这对网络软文写作的选题及投放平台的选择起决定性的作用。

（1）企业客户群的主要特征

企业核心客户群及潜在目标客户群的主要特征，包括客户的年龄、性别、职业、兴趣爱好等。

（2）企业客户群的行为习惯

企业客户群的行为习惯主要包括客户群的消费习惯及消费心理，以及客户群的行为偏好。

（3）客户对企业产品或服务的评价

客户对曾购买的企业产品或服务做出何种评价，即企业的产品或服务让其满意及需要改进的地方都有哪些。

（4）企业合作伙伴的情况

企业的合作伙伴指能够促进企业产品或服务销售的合作伙伴。这些合作伙伴既可能成为企业软文联合营销的合作对象，又可能成为企业招商软文的推广对象。

二、了解网络软文营销策划

网络软文营销策划是指企业的市场营销人员或广告公司的文案人员根据企业产品或服务特征，结合企业经营管理过程中各阶段的具体情况，以及当前未来一段时间的市场需求变化趋势和营销目标而制订的软文营销计划。网络软文营销的策划主要分为以下三个方面。

1. 明确网络软文营销的行动目标

网络软文的行动目标是指企业通过网络软文营销要实现的目标。企业经营的不同阶段，其软文营销需实现的目标也会相应地进行调整。一般来说，企业软文营销的目标主要分为强化品牌建设、拉动产品或服务销售、宣传推广活动、回应竞争对手及配合企业重大战略部署。如需实现多个目标，则需对目标进行优先级排序，逐一实现目标。

2. 明确网络软文营销的实施策略

网络软文营销的实施策略指企业根据软文营销费用预算制订软文投放计划，主要包括软文投放平台、投放数量、投放时间及对应的费用预算等。

3. 明确网络软文写作的角度

根据已明确的行动目标及实施策略，进一步确定网络软文写作的角度，即围绕具体行动目标、投放平台等软文营销策划要素拆解诸多个不同的写作角度，并根据费用预算调整投放平台及数量，最终筛选出最适合的写作角度。

企业的市场营销人员或广告公司的文案人员进行网络软文营销策划时，可把策划的六要素制作成表格，以便记录及检查。（表4-2）

表4-2　软文营销策划要素表

策划要素	具体内容
行动目标	
撰写角度	
投放平台	
投放数量	
投放时间	
费用预算	

三、掌握网络软文营销撰写

软文的撰写,至关重要,如何提炼吸引人的标题?如何让正文读起来酣畅淋漓?如何做到收尾干净利落?如何植入广告让客户不反感?如何为客户提供价值?如何用修辞让文章通俗易懂?如何让软文有说服力?这些问题在后面的内容中会提到,在这里简单列出是为了让大家先有一个宏观的认识和思考。

不过需要提醒的是,网络软文营销撰写方面不仅要有技巧,还要走心。

软文撰写的几个注意事项如下。

①忌不重视读者。就像生活中我们和人聊天一样,谁都不愿意一直听对方喋喋不休。更不要站在自己的角度自言自语,要站在客户的角度思考问题。

②忌不重视标题撰写。标题是个笼统的说法,既要吸引眼球,又要通俗易懂。

③忌拖泥带水。本来一句话能说明白,偏偏用两句话,除非写软文是为了做铺垫,大部分时候需要简洁干练。

④忌有头无尾。

四、知悉网络软文营销投放

软文投放是企业软文营销的关键。只有科学合理地选择媒体组合进行软文投放,才能让软文营销达到事半功倍的效果。因此,企业应根据各个媒体的平台特点和影响力分析及目标受众的阅读习惯,针对性地选择合适的投放平台及投放时间。软文投放前自检清单:

①行动目标:软文是否植入行动目标。

②标题:标题是否融入关键词,是否吸引人阅读。

③连贯:软文内容是否上下连贯。

④关键词密度:软文植入的关键词密度是否合理(同一关键词一般出现不超过5次)。

⑤配图:软文配图是否与内容相符,是否获得图片授权(是否存在潜在的法律风险)。

⑥结尾:软文结尾是否恰当自然。

⑦超链接:软文中的超链接是否准确无误。

⑧错别字:软文中是否存在错别字。

⑨名称:软文中涉及的地名、人名、企业或者组织机构名称、品牌和产品名称是否正确。

⑩标点符号:软文中的标点符号是否正确。

⑪合法性:软文内容是否合法,是否符合《中华人民共和国网络安全法》等相关互联网法律法规的要求。

五、知晓网络软文营销评估反馈

网络软文的营销效果是难以全面评估的,因为网络软文营销的范围比较广,发挥作用的时间有可能是长期的。虽然难以评估,但是仍然需要我们回头去评估,只有认真回头反馈分析,才能为下一步的软文投放提供策略支持。如果要评估,一定不要绝对化,做一个相对的参考即可。先从类别上来区分,如果是以销售为主的网络软文,毫无疑问,评估的效果应以销售量作为重点指标。如果是以品牌推广和新闻造势为任务导向的网络软文,就要重点评价阅读量和转载率。

下面列举网络软文营销的三种主要评估方法。

1. 成本评价法

企业较关心成本指标，投入多少钱，销售上可以确认带来多少收益。建议这种评价增加单纯的广告推广到达率指标，这样会更客观一些。

2. 搜索引擎收录评价法

该评价法主要考评搜索引擎有没有收录这篇文章，搜关键词和搜标题展现的数量有多少，百度、搜狗等搜索引擎在不同格式下(网页和新闻)各有多少流量。

3. 流量分析法

如果是用超链接引流来的流量，在计算机端是可以通过站长工具来查看和评估的。网友的互动留言数量也可以作为一个参考。在电商平台中，也有流量分析工具可以使用。

此外，阅读量也可以作为一个参考指标。越来越多的页面直接设置了浏览量供参考，如微博、微信公众号直接有阅读量显示，也有一些第三方软件可以监测文章阅读数量。

为便于对网络软文营销效果进行复查和总结，可采用表4-3所示的软文营销总结表进行记录。

表4-3　软文营销总结表

选项	具体内容	备注
活动效果综述		此项对网络软文整体效果进行简述，可分为三点来写： ①本次活动的目标及实际达成情况 ②亮点 ③优化点
网络软文营销目的		列出本次软文的营销目的，一般分为品牌传播、产品销售、活动推广等
网络软文营销目标		填写设置的计划目标，如阅读量至少200万、销售额达50万元等
实际达成情况		填写网络软文营销目标的实际完成情况
网络软文营销费用		网络软文营销各项费用明细
网络软文各平台具体效果		填写投放的具体媒体平台及相应的效果数据
本次网络软文营销亮点		从目标达成、软文写作、软文投放等方面分析本次软文营销的优点
本次网络软文营销待优化点		从目标达成、软文写作、软文投放等方面分析本次软文营销的缺点并提出改善建议

合作实训

①请同学们注册（如已有账号直接登录）自己的微信账号。

②选择一款家乡特产，编辑一则网络软文，在微信朋友圈进行推广，要求图文并茂，不少于150字。

③根据表4-4中所示的活动评价项目及标准总结自己的学习成果。

表4-4 项目评价表

评价项目	微信的申请注册情况 （40%）	朋友圈软文的撰写 （40%）		职业素养 （20%）
评价标准	1. 成功注册微信账号，并进行基本的信息填写，粉丝数达到500人 2. 完成微信账号的注册，粉丝数达到100人 3. 未注册微信账号	1. 主题明确，内容清晰，实用性强，点赞至少达到200，留言至少达到100，至少有10条留言有购买意愿，推广效果好 2. 朋友圈内容基本符合要求，能达到一定的推广效果，点赞至少达到100，留言至少达到20，至少有2条留言有购买意愿 3. 撰写内容不符合要求，达不到推广效果或未完成撰写		1. 大有提升 2. 略有提升 3. 没有提升
自己评分				
小组评分				
教师评分				
总得分				

项目小结

本项目重点介绍了网络软文和网络软文营销。通过两个任务，同学们需要了解网络软文和网络软文营销的概念以及区别，学会网络软文的写作和营销。

项目检测

一、单选题

1. 网络软文的载体类型不包括（　　）。

A. 博客软文　　　　B. 微信软文　　　　C. 论坛软文　　　　D. 会议论文

2. 网络软文的特点不包括（　　）。

A. 软　　　　　　　B. 准　　　　　　　C. 新　　　　　　　D. 贵

3. 网络软文的标题类型不包括（　　）。

A. 悬念式标题　　　　　　　　　　B. 爆炸型标题

C. 数字式标题　　　　　　　　　　D. "搭顺风车"式标题

4. 以下不属于网络金句写作手法的有（　　）。

A. 比喻　　　　B. 对比　　　　C. 顶真　　　　D. 夸大

5. 撰写人首先要明确软文的（　　）。

A. 目的　　　　B. 费用　　　　C. 时间　　　　D. 发布方式

6. 以下不属于软文营销载体的是（　　）。

A. H5　　　　B. 微信朋友圈　　　　C. 公众号　　　　D. 论文

7. 营销调研不包括（　　）。

A. 内部调研　　　　B. 外部调研　　　　C. 公交广告　　　　D. 第三方调研

8. 网络软文营销评估方法不包括（　　）。

A. 成本评价法　　　　　　　　　　B. 搜索引擎收录评价法

C. 流量分析法　　　　　　　　　　D. 问卷调查法

二、多选题

1. 网络软文营销与网络软文的区别有哪些？（　　　　）

A. 行为方式不同
B. 操作难易程度不一样
C. 影响力不同
D. 形式不同，表现不同

2. 网络软文营销调研需要进行（　　　　）。

A. 内部调研
B. 外部调研
C. 第三方调研
D. 广告投放

3. 网络软文营销策划主要分为（　　　　）。

A. 明确行动目标
B. 明确实施策略
C. 明确软文写作角度
D. 明确营销费用

4. 网络软文营销撰写不得（　　　　）。

A. 重视读者
B. 不重视标题
C. 有头无尾
D. 拖泥带水

5. 以下属于网络软文营销评估反馈方法的有（　　　　）。

A. 成本评价法
B. 搜索引擎收录评价法
C. 流量分析法
D. 自我评价法

三、判断题

1. 微博可以实现一键分享功能。（　　　　）

2. 网络软文发展方向是文字时代→短视频时代→图片时代。（　　　　）

3. 网络软文重视内容，不需要时效性。（　　　　）

4. 相比生硬的广告，软文最大的特点就是看起来不是广告，而且可以让受众产生共鸣。（　　　　）

5. 悬念式标题设置要谨慎，需要控制唤起警惕和恐惧的程度，不宜过低也不能过高。过低无法吸引读者的兴趣，过高读者会逃避，甚至会引起社会恐慌并触犯法律。（　　　　）

6. 网络软文营销相比其他的营销模式，优点更为突出，省事、省力、省钱，高效精准。（　　　　）

7. 网络软文营销与网络软文是没有区别的。（　　　　）

8. 软文内容应符合《中华人民共和国网络安全法》等相关互联网法律法规的要求。（　　　　）

项目5　知悉其他不同的网络营销

项目概述

网络营销的方式很多，除了我们常见的微博、微信营销外，还有没有其他的营销方式呢？本项目我们将学习电子邮件营销、病毒式营销、事件营销、SNS社区营销这几种营销方式，并分析各种营销方式的技巧，争取能够较好地运用。

认知目标

1. 认识电子邮件营销。
2. 知悉病毒式营销。
3. 了解网络事件营销。
4. 理解SNS社区营销。

技能目标

1. 能够利用电子邮件来开展营销活动。
2. 能够利用病毒式营销的方式来开展营销活动。
3. 能够利用网络事件的方式来开展营销活动。
4. 掌握SNS社区营销的方式，开展社区营销活动。

素养目标

1. 具有电子商务创业意识。
2. 具备团队合作能力。
3. 具备开展社区营销岗位工作意识。

任务一 认识电子邮件营销

任务概述

随着电子商务的快速发展，很多企业已经采用了各种各样的网络营销方式来开展营销。李明知道，只有采取更多新颖的营销方式，才能获得更多的流量。他想学习优衣库电子邮件营销的方式，通过群发邮件的方式来服务客户，可是具体该怎么操作呢？怎样才能获取到更多客户的联系方式呢？带着这些疑问，李明决定先学习电子邮件营销的基本知识。

任务分解

⬤ 活动一 认识电子邮件营销

活动背景

李明打开计算机，登录自己的电子邮箱，想要试着写一封营销邮件，可是一点思路都没有。给客户发送营销邮件有什么需要注意的地方吗？邮件的内容该如何编写呢？发送有没有什么要求呢？这些都是我们本活动需要研究的内容。

知识探究

一、认识电子邮件营销

电子邮件营销（E-mail Direct Marketing）也称作E-mail营销，是指企业把需要传达给目标客户的网络营销信息制作成专业的、生动的信息，通过专业的邮件服务器和邮件发送软件准确及时地发送到目标客户的邮箱当中，同时与目标客户建立正式的沟通渠道，达到促进销售的一种营销手段。

以上定义中，我们提到的电子邮件营销主要是指许可电子邮件营销，即企业在进行产品或服务推广时，事先取得用户的"许可"。"许可营销"理论由塞思·戈丁（Seth Godin）在《许可营销》一书中最早进行系统的研究，这一概念一经提出就受到网络营销人员的普遍关注并得到广泛应用。许可电子邮件营销的有效性也已经被许多企业的实践所证实。

非许可营销就是众人痛恨的垃圾邮件。1997年10月，国际互联网邮件协会做了题为"不请自来的大量电子邮件：定义与问题"报告，报告中将不请自来的大量电子邮件定义为垃圾邮件，大量邮件主要是指邮件的数量之大，不请自来是指没有经过用户的允许强制性接收。从这两方面的特征来定义垃圾邮件，更符合垃圾邮件泛滥的实际情况，不但涵盖了当下泛滥的垃圾邮件的所有类型，而且也包含了未来可能出现的新类型。

案例分享

通达信息服务

通达信息服务公司是专业的信息服务商，公司的主要业务是以电子邮件的形式向企业提供信息服务，并按年度收取一定的服务费。张研是该公司的营销员，她基本上都是通过电话与客户进行沟通，经常拜访陌生人，遭到拒绝是家常便饭，有时通话气氛弄得很尴尬，给以后的沟通带来了隔阂，丢失了一些潜在客户。于是她开始尝试用电子邮件与客户进行沟通，但往往电子邮件发出之后就石沉大海了。张研开始思考，如何有效利用电子邮件，提高营销的成功率。她发现，有些客户拒绝电话营销，但是却有每天查看电子邮件的习惯，只要邮件的内容具体生动，言简意赅，篇幅合适，并加之循序渐进、持之以恒的沟通方法，就能激发客户需求，引导客户产生兴趣并发生变化。经过多次尝试，张研最终成功通过电子邮件完成了与客户的有效沟通，大幅提高了营销的成功率。

【做一做】

请大家申请一个电子邮箱，可以在新浪网或者网易申请一个免费邮箱，并了解邮箱基本功能，然后试着用邮箱给自己的同学发送一封电子邮件。

知识链接

中国互联网协会在《中国互联网协会反垃圾邮件规范》中定义的垃圾邮件如下：
①收件人事先没有提出要求或者同意接收的广告、电子刊物、各种形式的宣传品等宣传性的电子邮件。
②收件人无法拒收的电子邮件。
③隐藏发件人身份、地址、标题等信息的电子邮件。
④含有虚假的信息源、发件人、路由等信息的电子邮件。

二、了解电子邮件营销发展

电子邮件营销是伴随互联网的发展而发展的，我国企业虽然早在1996年就开始接触网络营销，但是跟发达国家相比较，起步仍然稍有落后。1997年我国产生了专业的电子邮件营销服务，但是由于网络普及率低，上网人数也不够多，电子邮件营销一直没能发展起来。

到2018年上半年，我国互联网用户拥有的电子邮箱总数达到9.06亿。据统计，网易邮箱用户数量于2018年8月就已经突破5亿，而腾讯邮箱用户数量也将达到4亿。高邮箱使用数给商业邮件奠定了深厚的用户基础，也为电子邮件营销提供了广阔的空间，但是目前我国的电子邮件营销发展仍然存在以下问题。

首先，垃圾邮件横行。据163企业邮箱指定经销商芯火信息技术有限公司统计的数据显示，2019年第三季度垃圾邮件的数量排名中国位居第一（20.43%），其次是美国（13.37%）和俄罗斯（5.60%），排名第四的是巴西（5.14%），排名第五的是法国（3.35%）。这表明我们国内大部分企业或者个人的电子邮件营销还处于低级阶段，即通过邮件群发盲目营销，从而产生大量的垃圾邮件。垃圾邮件的产生对于网民来说，不仅是一件浪费时间、浪费金钱和精力的事情，更重要的是，很多网民感觉自己的隐私被侵犯，因此，很多网民在接收到广告邮件之后，往往没有阅读就直接删除。

其次，企业缺乏有效用户资料。目前大多数企业搜集的邮箱资源，其实并不是完全有效的用户资源，有些是利用搜索引擎直接从网站搜索而来，虽然在数量上有一定的规模，但是质量上却得不到保证。而且很多企业在网上留存的邮箱地址都是公司备用地址，因此，这些地址是否真实、是否有效就要另当别论了。

最后，营销制定程序化稍弱。由于资料数目繁多复杂，分析人员很难对资料进行细致的归纳分类。许多企业通常以批量的方式向用户传递营销信息，根本无法达到定制化的目标。很多用户往往把此类邮件归纳为垃圾邮件，可能还会将公司地址列入拒收列表，那么公司就可能永远失去了一位潜在顾客。

三、剖析电子邮件营销优劣

1. 认识电子邮件营销优势

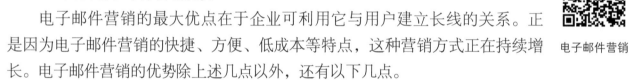

电子邮件营销

电子邮件营销的最大优点在于企业可利用它与用户建立长线的关系。正是因为电子邮件营销的快捷、方便、低成本等特点，这种营销方式正在持续增长。电子邮件营销的优势除上述几点以外，还有以下几点。

（1）覆盖面广、速度快、无时空限制

传统媒体的传播通常具有一定的地域限制；另外，传统媒体广告具有一定的时效性，只能在某一时间段进行，而电子邮件不受时间和空间的限制。

（2）功能全、成本低

如今各大网站均有免费邮箱，只要在网络上申请一个电子邮箱就可以轻松发送电子邮件了，因此电子邮件营销是任何企业均能使用的。

（3）针对性强，广告内容自由

传统大众营销媒体的信息传递采用广撒网的方法，没有具体的受众群体，信息传递往往都是无效的，易造成发送与接收的错位。而电子邮件营销系统可以通过数据挖掘对目标客户进行细分，使企业能针对具体客户进行细化营销，对于不同客户群体制定不同的营销策略。

（4）非强迫性

电子邮件营销按营销形式，只有用户需要才会有营销邮件出现在其邮箱之中，而且用户可以根据自己的需求在任何时间、以任何方式进行阅读。

（5）交互反馈性

如果客户对营销内容感兴趣，可以回复邮件进行咨询，这样企业就能与目标客户建立起长期的联系。电子邮件的发送与接收同步或非同步交流，构成了交互的可能，这种交互功能又主要体现在信息的反馈方面。

2. 知悉电子邮件营销劣势

（1）垃圾邮件的横行和困扰

电子邮件营销是网络中最早受到重视的营销工具之一，但是如果尺度掌握不好，就会被用户当成垃圾邮件。

（2）电子邮件退订率不断上升

越来越多的客户觉得接收的是无用信息，会取消邮件的订阅，从而导致客户的流失。

（3）邮件的可信度低

只要注册电子邮箱，就可以任意发布营销信息，低门槛的使用使得网络上垃圾邮件横行，虚假广告越来越多。

（4）电子邮件营销反馈有难度、效果评估困难

由于电子邮件的特点，客户只有对营销内容感兴趣时，才会反馈和交流，所以对于电子邮件营销的效果评估显得非常困难。

（5）用户对电子邮件的要求越来越高

【想一想】

我们在进行电子邮件营销时，怎样能扬长避短，让消费者对邮件感兴趣，而不会误认为是垃圾邮件呢？

活动二 熟知电子邮件营销技巧

活动背景

李明已有了自己的电子邮箱，也收集了一些目标客户的电子邮箱地址，接下来可以试着编辑营销邮件了。可是，该发送哪些东西呢？有没有更合理的发送时间呢？电子邮件营销有没有什么技巧可言呢？接下来，我们一起来学习和研究电子邮件的营销技巧。

知识探究

一、学会解析邮件列表

对于商城类的网站，邮件营销是非常有力的，属于许可式邮件推广，因为会员是通过一定的注册协议，或是对电子杂志的订阅而主动留下了自己的姓名和邮箱地址，这些会员基本都是潜在的购买客户。对于这些会员，需要我们按照不同目标客户进行设置，定时去投放邮件广告。下面我们以凡客诚品和麦包包的邮件来分析一下他们的邮件广告。

1. 相同点

①邮箱名都很简洁而且都突出各自品牌"麦包包"和"VANCL 凡客诚品"。（图5-1）

②邮件标题都标出了（AD）即为广告邮件。

③标题中都出现了数字修饰。

2. 区别

①从邮件频率上看凡客诚品是间隔一天，而麦包包是间隔三天。

②从广告标志上看麦包包放在前面，凡客诚品放在后面。

VANCL 凡客诚品	风靡全球洞洞鞋29元，沙滩裤35元，最新款T恤29，风尚女鞋99元抢（AD）
VANCL 凡客诚品	会员专刊：积分5重惊喜换好礼，父亲节礼物秒杀，宝贝秀模特选拔（AD）
VANCL 凡客诚品	免运费限时抢：6折PUMA,4.5折GUESS，TATA、天美意4折，北欧家居29元，斯沃琪218元（AD）
！凡客诚品	用户满意度调查
！凡客诚品	订单发货

图5-1 凡客诚品邮件

二、深入剖析邮件内容

1. 相同点

①内容头部都提示如无法显示，引导单击进入网站电子杂志的位置。

②内容中都有退订电子杂志链接，体现了人性化。

③都请求加入通信录。

④电子杂志头部都包括网站上的所有栏目和网站标志。

2. 区别

①凡客诚品把请求放在邮件内容页头部，麦包包将其放入电子杂志的内容尾部。

②麦包包在电子杂志内容头部和尾部都设置了退订，凡客诚品将其放入了电子杂志内容尾部。

③麦包包把客服电话放入最底部，凡客诚品放入头部而且在电子杂志上出现3次。

④麦包包把账号显示在杂志中，而凡客诚品没有。

目前，我国企业电子邮件营销使用广泛，最根本的原因是邮件营销的成本十分低廉。只要有邮件服务器，联系少数用户与联系大量用户，成本几乎没有什么差异。与其他网络营销手段比较，电子邮件营销对象精确，并可以长期保持联系。可为什么营销人员每次发出的邮件几乎都石沉大海，收到的反馈微乎其微呢？可能是电子邮件营销的技巧还没有掌握。因此，如何提高电子邮件营销效果就变得至关重要。

三、关注注册用户

第一，了解你的注册用户。这需要我们浏览大量的邮箱地址，此项工作非常的必要和重要。首先，要分析出目标用户会选择哪些邮箱，可以以此采取措施避免营销邮件被当作垃圾邮件直接删除，或者根据邮箱的不同的特性，凸显出来；其次，可以根据用户提供的邮箱地址分析出他所在的行业类型，针对不同行业的用户进行更加细致有效的服务。

第二，要对新用户进行细分。一般来说，在大型活动结束前30天到60天内注册的新用户是最为活跃也是最有效的用户，对这些用户我们需要第一时间发出邮件表示感谢，尽早建立良好的联系。此后，根据用户的兴趣，在电子邮件中提出更多有效的信息，例如，为了鼓励首次购买，可以给出八折的优惠，这样有利于和用户保持良好健康的关系，并吸引用户此后继续关注折扣信息。这样，新注册的用户才会在众多的邮件中关注到你发送的信息并给出回应。

第三，对注册用户进行细分。如今传统的营销手段已经不适合现在的市场了，我们需要对用户进行市场细分，对需要投递信息的用户进行精准细分，根据用户邮件的打开及浏览情况，来跟踪分析用户意图，为用户提供多样化的服务。如网络书店亚马逊就通过用户的购物历史记录向那些愿意接受建议的用户发送电子邮件并提出建议，从而赢得了许多忠实用户。

四、吸引用户点击邮件

吸引用户打开你的邮件，不是一件容易的事情。用户如果认识并且信任发件人，那么邮件被打开的概率就要高很多。作为正式电子邮件，营销人员应该在发信人和标题上注意以下两个方面。

1. 发件人名称

发件人的名称最好使用比较正式的名称，并保持一贯性，不要随意改动。用户注册订阅时一般会关注到发件人名字，再加上收到过确认邮件，用户会对发件人产生信任感。

2. 邮件标题

好的邮件标题能提高邮件的阅读率。邮件标题要准确描述本期邮件的主要内容，避免使用夸张的广告语言，更要避免"标题党"，用词简单，朴实，能够概括大意即可。

五、发现用户兴趣

电子邮件用户要求越来越高，需求也变得越来越复杂，对市场营销者发给他们的邮件越来越挑剔。但只要你关心用户的兴趣爱好，就会显著地提高营销电子邮件的订阅率。根据调查研究结果显示，用户接收营销电子邮件或订阅营销电子邮件主要是为了获取自己所关心的信息。由此可见，发现用户的信息，关注用户的兴趣变化，提供用户所需的信息才是电子邮件营销的关键。

网上调查结果表明，2019年网络用户对于不同的信息点关注的程度大有不同，如表5-1所示。

表5-1　用户网络信息点关注排名

排序	关注信息	关注率
1	在线零售商的折扣信息	83%
2	当地商家特别优惠信息	67%
3	健康知识	57%
4	本地新闻	56%
5	旅游信息	55%
6	娱乐信息	49%
7	天气预报	47%
8	金融/股票信息	44%

因此，采用个性化的营销方式吸引用户是电子邮件营销的最重要手段。目前，用户对营销者越来越挑剔，因此个性化就成为电子邮件营销的一个必需条件。对于收到的邮件，只有对用户有价值，而且是个性化的东西，他们才会感兴趣并点击查看，否则没有人愿意接收。所以现在个性化的内容成为目前电子邮件营销的主流，这也正是无论你采用内部邮件列表还是外部邮件列表，个性化的内容都变得越来越重要的原因。

六、设置自动回复和特殊提醒

如今国内的很多免费邮箱，如网易邮箱、新浪邮箱等都具有自动回复功能，当邮箱收到一封邮件时，会按照预先设置的内容进行自动回复，无须人为干预。几乎所有的邮件服务器软件都内置了这个功能，只需要简单的设置就可以使用。例如，当你开会或者出差在外时，不能够及时发送邮件，你可以设置自动回复，来提醒客户此时你不方便回复；或者你转移信箱之后，也可以通过自动回复来告知客户你的新邮箱地址。

特殊提醒邮件是按照特定日期发送的。关注对于客户来说有意义的日期，在特殊的日子里发送一封邮件，客户会感觉到营销者的用心，这样会增加好感度，有利于以后的营销活动顺利开展。特殊提醒邮件让用户感觉到互联网世界并不全部是虚拟的，营销也并不全是冷冰冰的，一样伴有浓浓的人情味，所以对于营销者的信任度和好感度就大大增加了。

活动三　体验电子邮件营销

活动背景

李明学习了电子邮件营销的相关技巧，也对目标客户进行了细分，接下来他跃跃欲试，想要开展电子邮件营销了。可是，电子邮件营销还有没有一些需要注意的礼仪事项呢？怎样能起到更好的营销效果呢？接下来，我们一起来体验电子邮件营销吧。

知识探究

一、了解电子邮件营销礼仪和规范

从概念上来看，电子邮件营销其实是指"许可电子邮件营销"，为什么要加上"许可"二字呢，是因为电子邮件只有征得邮件接收者的同意，才可发送信息。而使用未经许可的电子邮件发送信息，会引起用户反感。因此，电子邮件营销的成功需要遵循基本的礼节和规范。

1. 保持简单

客户在读邮件时并没有足够的耐心去看长篇大论，所以精短简练的邮件往往更能提高点击率。

2. 拟定有吸引力的标题

如果邮件主题富有吸引力、新颖，而且可以激发兴趣，那么能提高邮件的点击率。标题尽量简单明了，易于浏览和阅读。

3. 使用国际码格式

电子邮件较常用的方式是文本标志，文本标志是一些有特定意义的字符，大约5行，一般放置在新闻邮件或经许可的电子邮件中间。

4. 留有足够的边距

大多数电子邮件客户端软件，自动将纯文本格式的邮件设置为每行76个字符。如果邮件在投递后可能被引用，将文本设置在每行64个字符或更少处自动换行，使文本留有足够的边距，防止文本超出窗口边缘。

5. 提供有用信息

即使是营销广告也要能够提供给用户有用的信息。只有这样，才会受到用户的欢迎。

6. 避免情感化

情感化的措辞会使邮件显得不够专业，因此要尽量避免。

二、体验邮件撰写

①邮件的标题和正文中尽量少用敏感的、典型垃圾邮件常使用的词汇，避免触发垃圾邮件过滤算法。

②少用惊叹号，减少使用夸张的颜色，尤其是加粗的红色字体。这都是典型的垃圾邮件常用吸引人的方法。如果是英文邮件，不要把很多词完全用大写。

③邮件内容、标题、发件人姓名都不要使用明显虚构的字符串。因为往往这些字符串都是垃圾邮件的特征。

④HTML邮件代码应该简洁，尽量少使用图片。往往图片越多，被当作垃圾邮件的概率就越大。（图5-2）

图5-2　HTML邮件

▍合作实训

①全班同学分为若干组（5～8人一组），每组选取一个网站申请免费的电子邮箱，并登录进入邮箱，学习邮箱的相关功能。

②掌握发送、自动回复等功能，试着编写一封电子邮件，来营销一件产品，然后制作成PPT，介绍该邮箱的功能。

③根据表5-2所示的活动评价项目及标准总结自己的学习成果。

表5-2　项目评价表

评价项目	电子邮箱的申请（40%）	营销邮件的撰写（40%）	职业素养（20%）
评价标准	1. 邮箱申请快速、完整	1. 撰写流利、完整，有营销点	1. 大有提升
	2. 邮箱申请完整，速度一般	2. 撰写较完整	2. 略有提升
	3. 邮箱申请不完整	3. 撰写杂乱无序	3. 没有提升
自己评分			
小组评分			
教师评分			
总得分			

任务概述

　　随着电子商务的快速发展，病毒式营销逐渐进入了市场。李明知道，这是一种爆炸式的信息传递方式，如果能够把握好病毒式营销的技巧，那么短时间内会吸引众多客户。可是该如何制造"病毒"呢？病毒式营销跟病毒到底有没有关系呢？这种营销方法能给网店带来巨大的流量吗？带着这些疑问，李明决定先对病毒式营销这种方法一探究竟。

任务分解

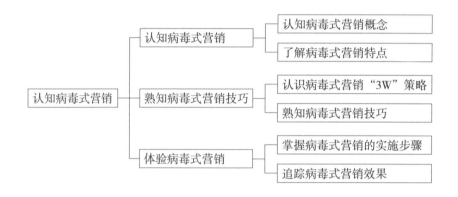

活动一　认知病毒式营销

活动背景

　　李明的爸爸曾经跟李明提起过2008年奥运会可口可乐的火炬传递活动。当时李明爸爸亲自参加了这项活动，自发地把广告信息发给朋友，邀请他们点亮火炬，可口可乐也因为此项活动名声大噪，赢得了许多客户的喜爱。那么自己能否试着寻找一次机会，将营销信息扩散出去呢？该如何寻找切入点，让广告既能够吸引客户，又不引起客户的反感呢？这是我们本任务要探讨的内容。下面我们首先学习下病毒式营销的概念和特点。

知识探究

一、认知病毒式营销概念

　　20世纪80年代以来，随着互联网的发展，各种新的营销理念和营销模式层出不穷，而且利用互联网进行营销的各种手段和方法也如雨后春笋，日新月异。传统企业不断寻找适合自己的营销手段，在20世纪末，美国采用了一种全新的营销模式，也就是本部分要介绍的病毒式营销。

　　病毒营销这一术语最早由贾维逊(Steve Jurvetson)及德雷伯(Tim Draper)在 1997 年发表的《病毒营销》一文中提出。他们在探索网络营销的方法时，发现热邮公司的成功与众不同。热邮公司认为只要借助互联网，所有的用户都可能成为信息的传递者，关键在于如何吸引人们的注意力，并且让人们主动去传播信息。人们对新产品的认可和接受是有一定难度的，而热邮公司正是通过病毒式营销这种模式，从一个新兴行业新产品的提供者，快速建立起了一个口碑传播网络的模式，成为历史上成长最快的企业，在创立的半年之内，就成功吸引了一千两百万注册用户。热邮公司其实只是在每一封发出的邮件下方自动加上了一句话，"热邮公司免费给您提供电子邮件服务"，然后通过他人的使用和传播将信息发送出去，被更多的用户接受。

事实上，热邮公司并没有在促销上花费很多的成本，只是把互联网与其他营销手段如手机短信传播、蓝牙传播及传统的传播渠道综合运用。

基于以上情况，本书对病毒式营销的定义如下：

病毒式营销，并不仅限于互联网，它指企业或组织通过提供有价值的产品或服务信息，为群众带来便利，并且鼓励目标受众将市场信息传递给他人，使市场信息呈几何级增长速度传播的一种营销策略。

二、了解病毒式营销特点

病毒式营销的关键在于如何让用户自发性地成为宣传者。只要能够做到用户很容易接受并且对产品相当满意，用户就会及时主动地将信息传递到更多的群众中去，这是一种主动自觉地对信息进行传播的方式，其传播形式非常像病毒传播，所以传播速度是非常惊人的。 其营销方式不同于传统的营销方式，是独一无二的。

1. 几何级数式的信息传播速度

病毒式营销并不是真的以传播病毒的方式开展营销，而是指用户的信息像病毒一样传播和扩散，利用快速复制的方式传向数以千计、数以百万计的受众。例如，用户在浏览微博，看到一篇很好的文章，或者一个很有趣的视频时，都会选择转发或分享，然后他的粉丝或朋友在刷微博或者朋友圈看到他分享的文章或者视频，如果这些粉丝或朋友感觉这个内容对自己很有帮助或者很有意思就会做同样的动作，这样就形成了营销信息病毒式的扩散。

2. 自主传播的易感人群

对于年龄较长的人来说，感染病毒患病的概率会随之增大，这是因为他们的免疫系统在衰减。 病毒式营销也是同样的道理，只要感染那些"免疫力"低的群体，然后让这些人携带着营销信息把营销信息传递到更多的群众中去。例如，目标载体是白领，则需要事先进行市场调查，看白领对新产品是否感兴趣；其次是了解白领的行为喜好，如热衷于哪些社交软件，就把这类软件作为载体传播营销信息，开展营销。

3. 信息接收的高效精准

传统大众媒体进行广告投放时，受众可能会觉得受到打扰，防备心强，从而弱化广告的效果；而病毒式营销所提供的信息，是受众从熟悉的人那里获得或是主动搜索而来的， 是以一种积极的心态来接受信息的，接收的渠道也比较私人化，如微信、QQ、电子邮件、微博等，受众的信任度会很高。这些优势，使得病毒式营销尽可能地克服了信息传播中的噪声影响，增强了传播的效果。

此外，通过视频、微博、小游戏的方式传递的病毒式营销广告实际上是一种体验广告，受众通过对品牌的体验便会潜移默化地接受品牌的理念，这样的方式也能让受众高效率接收信息。

4. 低廉可控的传播成本

病毒式营销所包含的信息，是经过包装的营销信息，而不是直接的广告。营销信息经过包装，会增加其趣味性和操作性，一定程度上能够吸引消费者甚至获得好感。此时消费者会解除心理戒备，积极主动地传播信息。由于这种"病毒信息"依靠目标消费者的主动传播，使用的也是传播人群自有的传播渠道，所以这种传播是低成本的。

然而，低成本并不意味着病毒式营销不需要成本。进行病毒式营销的过程中依然存在着成本开支，只是本来应该由传播者或者厂商承担的广告成本被转嫁到了目标消费者的身上，通过主动传播者之间的信息传递呈现出一种类似于病毒扩散的态势。

【想一想】

结合病毒式营销的几个特点，请大家思考，在进行病毒式营销时，我们该如何利用这些特点去增加营销优势呢？

活动二　熟知病毒式营销技巧

活动背景

李明记得看过一个百度的病毒式营销广告视频《百度更懂中文》，视频中采用了喜剧电影的幽默方式，将百度成功营销出去。当时觉得这个视频有趣，他还亲自转发给同样喜欢喜剧的朋友们。百度利用极低的成本成功地将广告扩散出去，赢得了许多客户的喜爱。那么自己能否试着寻找一次机会，将营销信息扩散出去呢？如何寻找切入点呢？通过下面的学习你能找到答案。

知识探究

一、认识病毒式营销"3W"策略

病毒式营销正为越来越多的企业所采用，但要成功地实施病毒式营销，显然不是一件容易的事，必须精心筹划。企业要想成功实施病毒式营销，需要把握好"3W"策略，如图5-3所示。

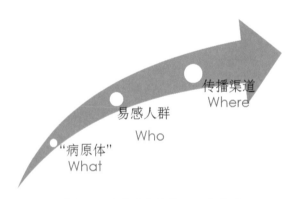

病毒式营销的"3W"策略

图5-3　病毒式营销的"3W"策略

1. 创建有感染力的"病原体"（What）

病原体在医学上是指能引起疾病的微生物和寄生虫的统称，每个人一生中可能受到150种以上的病原体感染，感染后身体会出现一系列症状，我们统称为疾病。而我们网络营销中的"病原体"是指极具感染力的信息，首先获取第一批公众的注意，并激发起其兴趣再向他人主动传播，从而产生一传十、十传百的效果，滚雪球般将信息传播开来。

"病原体"的重要性是显而易见的，对于"病原体"来说，只有"感染性"强，才会吸引受众关注，才会引起受众心灵上的"共鸣"，进而通过心灵的"沟通"感染受众，然后不断蔓延开来。

2. 找到易感人群（Who）

在"病原体"创建完之后，病毒式营销的关键就是找到易感人群，也就是早期的接受者，他们是最有可能的产品或服务使用者。他们主动传递信息，影响更多的人，然后营造出一个目标消费群体。在传播过程中，普通受众在这些易感人群的带动下，逐渐接受某一商品或服务。例如，你打算做一家外卖网站的病毒式营销，你的易感人群是哪些？结合实际情况我们可以分析出对外卖有着高需求的易感人群为中午不回家吃饭的网民、单身网民、外地打工网民。

3. 选准"病毒"的初始传播渠道（Where）

病毒式营销信息当然不会像病毒那样自动去传播，需要借助于一定的外部资源和现有的通信环境来进行。因此，企业在选择"病毒"的初始传播渠道时，要考虑到易感人群的关注重点和社会热点。

【做一做】

假设你是一家外卖网站的营销总监，请结合实际情况列举出对外卖有着高需求的易感人群的范围。

二、熟知病毒式营销技巧

1. 放弃有偿产品或服务

成功的病毒式营销应该提供免费的产品和服务，如免费的邮箱服务、免费的游戏、免费的视频、免费的软件等，放弃有偿的产品和服务。因为免费的产品和服务更容易引起目标群体的注意，成为人们将"病毒"传播出去的主要动力，可以让营销的"病毒信息"传播得更加迅速。谷歌在网页级别技术的基础上，将搜索结果的客观公正放在首位，拒绝了搜索排名的付费服务，弱化了商业气息，完全突出了搜索功能。谷歌的成功，正是基于其为用户提供更丰富、更公正、更人性、更有价值同时又是免费的搜索服务，增进了用户的好感和信任并最终促成了口碑的传播。当然，企业如果只提供免费的产品和服务是不可能生存下去的。在成功地吸引了客户的眼球之后，他们也成功地赢得了广告主的青睐。在保证搜索结果的公正性的同时，在搜索结果首页的右侧显著位置登出了关键词排名广告，这成为独特的盈利模式。

2. 提供优质信息传递方式

"病毒"只在容易感染的环境中才会迅速传播。如果没有一个良好的信息传递方式，那就意味着"病毒"将会在传播过程中被"催眠"。因此，营销信息的载体必须易于客户复制和传递。病毒式营销正是因为其方便、快捷且廉价的信息传播方式，才得以在互联网上发挥巨大的作用。病毒式营销成功的一个关键在于能够提供良好的信息传递方式，使营销信息能够被消费者方便地进行传播。因此，携带营销病毒的载体本身就要具备易于传播和复制的特性，也就是说，病毒式营销所传播的载体本身在技术层面上就需要具有易于传播的特性，如电子邮件、手机短信等。

病毒式营销在网络上得以广泛推广，很大程度上归功于即时聊天工具。随着网络的发展，即时通信方式变得简单，成本也变得更低。例如微信群，这些群往往是依据有共性的小群体建立起来的，本身就有着某种话题集中的特性，如同学群、亲友群、同事群等，而技术上的进步使得在群中传递分享东西变得轻而易举，群用户可以在群对话框中随时发表见解进行口碑的传播，也可以将营销信息转载到群中，供群成员查看及转发。除了技术层面上必须寻找到易于传播的载体外，从营销的角度看，应用病毒式营销，还必须将传递的营销信息简化，这样才可以保证信息能够轻而易举地被人们传播，并且保持完整性。

【想一想】

你和你的朋友现在最常用的即时聊天工具有哪些？你觉得这些工具各自的优点和缺点有哪些？

3. 扩大信息传播范围

想要大规模传播信息，需要做到三个方面：首先是信息传递的目标群体，也就是易感人群，本身是具有一定规模的群体，而且在这个群体中信息是容易迅速传播的。其次是"病原体"的选择，产品及其所提供的信息本身是否具有吸引力，只有有吸引力的"病原体"才能促使信息不断扩散。采用病毒式营销，信息可以在短时间内迅速传播，但要考虑这种迅速地扩散是否会危及企业自身，如果是负面的信息，通过网络的扩散，很有可能对企业造成致命的影响。所以病毒式营销是把双刃剑，关键是"病原体"的选择。例如，如果在自己网站上挂出带有病毒式营销的视频，那么企业就应该预见下载次数迅速扩大带来的对网站服务器承受力的要求。

4. 做好行为激励

了解用户的心理，根据用户的心理对其进行激励，营销成功的可能性会大大增加。因此，在构建病毒式营销模型时，应该充分地把握用户心理，例如，给用户提供有用的信息，当他们发现这些信息对自己的工作或是生活有一定帮助时，就会主动把信息传递给朋友，进行共享，与此同时有关企业新产品的信息也被传播到其潜在消费者的手中。2006年，《百度更懂中文》系列小电影广告被视为中国第一个真正意义上的互联网病毒式营销案例，"唐伯虎篇""孟姜女篇""刀客篇"三个短片在网络上迅速流传，以其极低的拍摄成本却创下深度传播2000万人次以上、获得近亿元传播效果的成绩。以如此低的成本却达到如此好的传播效果，连创作者本人也始料未及。三个短片分别传达的是"更懂中文""中文流量第一""全球中文搜索"这三个概念，虽是广告片，但却因其拍摄采取了中国武侠电影和在年轻人中极受追捧的周星驰风格的代表性元素，夸张、诙谐、搞怪，深得网民喜爱，短时间内即获得大量点击和传看。直到今天，该系列广告仍以"百度经典广告"在优酷、土豆等视频网站上继续被点击观看。

5. 利用好人际关系网络

当今社会，我们每个人都处在错综复杂的人际关系网络当中，而病毒式营销正是依靠现存的人际关系来进行病毒信息的传播和扩散，从而将营销信息传递出去的。因此，在进行病毒式营销时，应该重视人际关系网的重要作用。互联网的快速发展使人与人之间的沟通和联系变得更加方便和快捷。我们每天都会接收不同的信息，受信息的影响，同时也可以通过传递信息来影响他人。网络使每个人、每台计算机都成为一个信息接收站和信息源。网络对于企业来讲不仅仅是一个新的销售渠道和一种新的媒介，它更为企业提供了一个无限的信息交流平台，通过这个平台的交互作用，人与人之间的联系变得更为紧密，人们之间的相互影响变得更大了。病毒式营销正是有效利用了网络这一特点，在网络平台上进一步发展了口碑传播。病毒式营销作为网络时代传统口碑营销的新发展，要关注意见领袖。意见领袖掌握着一些网络热点内容的发布和展示，他们甚至在某段时间是网络化社会的风向标，他们的观点和动向会引领某一群体。所以充分与这种类型的意见领袖沟通，并获得他们的支持，将使营销信息传递得更快、更有效。

6. 利用别人的资源

成功的病毒式营销需充分利用外部资源使营销信息得以传播。例如，将营销信息登在其他网站上，或是在其他网站上建立链接，都可以将外部资源作为自己产品的营销源。对于营销企业来说，如何深入了解消费者的思维，并且将自己的信息传递给消费者且让其有效接收才是最关键的。通常的方式是尽量提高信息传递的声音，期望着动静越大，知道的人越多。但是病毒却有着更精明的方法，它们能够找到一个途径，选择适合自己的载体，牢牢依附在载体身上进行传播。例如，很多病毒式营销的视频广告就是依附在优酷网、土豆网这样的视频网站，供感兴趣的人转载。又如，在论坛上上传一些趣味图片等供人下载和传播。不过也并不意味着只能利用别人的资源进行传播，有时企业对个人的点对点的病毒式营销也可以达到很好的效果。

活动三　体验病毒式营销

活动背景

李明想给某女装店铺设计一次病毒式营销活动。他查阅了一些成功的营销案例，发现寻找到一个合适的"病毒"至关重要。一幅有趣的图片、一个好玩的小游戏、一个有热点的微博话题……这些仿佛都可以作为营销的创意，可是具体该如何实施呢？自己能否试着寻找一次机会，将网店营销信息扩散出去呢？该如何去寻找这个切入点呢？如何能够抓住这种灵感创意呢？接下来让我们一起来体验病毒式营销吧。

知识探究

一、掌握病毒式营销的实施步骤

要成功实施病毒式营销，以下这些核心要素和措施是非常重要的。

1. 创建有价值的"病毒"

那些数百万人共享、传阅和观赏的病毒式营销广告，大部分都具有原创性、趣味性及娱乐性。在启动任何病毒式营销活动之前，具备明确的目标是至关重要的。公司选择的病毒式营销活动的类型应该是由其商业效果和营销目标来决定的。选择一个合适的切入点，即选择一个有价值的"病毒"，并不是一次单一的短时性的活动，而应保持连续性，使"病毒"具有长期的生命力，营销可以持续不断地进行下去。

【想一想】

　　假设你是一家健身房的老板，你想为自己的健身房进行一次病毒式营销，你该如何选取有价值的"病毒"呢？

　　首先查看并了解受众人群的痛点和关注点，然后提供一条响应其需求的内容。例如，《创建一个成功赚钱网站必要的七部曲》这篇文章，就是希望帮助那些想通过网站获取收益的用户更好地了解如何去操作。

　　接着在发表内容的同时，抓住时间，确保你所创造的"病毒"都是最新鲜的，这样你所发表的内容才具有传播性。例如，多芬在进行调查之后发现，只有4%的中国女性能发现并敢于说出自己的美丽。由此，多芬以街访形式拍摄主题视频《你愿意花90秒，找到你的美丽吗？》，由多芬官方微博、视频网站发出，希望激励更多中国女性发现并勇于承认自己的美丽之处。通过一场"真美行动"，以鼓舞普通人、对话普通人的方式来传递积极的自我认知态度，多芬在中国的社会影响力和美誉度得到了提高。

　　2. 抓住易感人群

　　易感人群是指容易接受营销信息的群体，病毒式营销的目的是满足消费者的需求，基于病毒式营销的概念，其目标消费者应该是互联网用户。据中国互联网络信息中心调查显示，如今网民的构成当中，年轻网民占多数，他们对新鲜事物的追捧是前所未有的，所以我们应该抓住易感人群的特征，根据营销产品的不同，选择合适的营销点。例如之前微信小游戏"跳一跳"，深受年轻人的喜爱，许多企业借助这个游戏平台，将自己的品牌信息植入游戏当中，吸引年轻群体的注意。

　　3. 创建一个有感染性和爆炸性的话题

　　爆炸性的话题是创建活动的主要点。例如，距ALS协会向世界发起"冰桶挑战赛"已经过去几年了，但你很有可能还记得其所创造的结果。使冰桶挑战如此受欢迎的关键因素就是具有情感和互动参与性。

　　4. 构造"病毒"的传播途径

　　选择好"病毒"和易感人群，接下来的重点就是通过什么渠道将病毒传递给易感人群。例如，我们可以选择微信链接转发，或者用小视频、小游戏的途径将信息扩散出去。

【想一想】

　　你的健身房营销文案已经策划好了，"病毒"和易感人群也已经选择就位，接下来请你思考，你将通过什么途径将营销信息传递出去呢？

　　5. 撰写吸引眼球的标题

　　在学习如何创建病毒式营销的内容时，标题也是至关重要的。合适的标题，可以立即激起目标受众人群的好奇心，并说服他们留下来看看你能提供什么。标题可以成就或者毁掉你的内容——即使文章内容本身非常优秀。所以确保你尽可能地采取如下标题来捕捉受众人群的注意力：以情感带动情绪来惊艳或吸引受众人群、使用具有力量的词语传达内容本身所能带来的价值。

简言之，想要创建成功的病毒式营销的内容，一个好方法是让你的受众人群通过标题就提前知道他们可以从内容中获得什么。

二、追踪病毒式营销效果

病毒式营销虽有着成本小、传播威力大的潜在效果，但如果运用不当，不仅可能会因未能触发公众对其感兴趣的敏感神经，无法实现公众对信息的主动再传播，无法达成病毒般传播扩散的效果，而且还可能弄巧成拙，甚至激怒公众，产生企业事先所无法预期的效果，给品牌带来负面效应。同时，病毒式营销所隐含的更广泛的社会影响也值得深思，如传播伦理和社会诚信问题。

1. 认识营销效果的不可预期性

我们在探讨病毒式营销技巧时，关注的都是它积极的一面，其实病毒式营销是以一种营销无法预期的方式而实现的，如对广告的恶搞。曾经的"杜甫很忙"到最后已经失去了原有的意义，恶搞后的信息已经跳出了创作的原意，通常以戏谑的方式来传递作品的原意。在这种游戏式的创作中，广告所促销的商品信息已经变得不再重要，恶搞只是为了满足兴趣。有时一些特殊事件也可能引发病毒式的营销或"反营销"，如在一些企业发生危机事件的情况下，支持或抵制某类产品和品牌的手机短信和网络帖子就特别容易被转发、传布，起到病毒般扩散的效果。

2. 知晓传播伦理与社会诚信问题

病毒式营销为引起公众的注意和兴趣，不惜制造、策划一些事件，有的因为盲目模仿他人、毫无新意，而无法获得公众的注意，反而增添垃圾信息，或者引起公众的反感，还有一些事件因为涉及侵犯他人隐私等方面的问题，对牵涉对象造成伤害，或在社会上产生其他负面影响。

网络时代的病毒式营销就是让普通的消费者都变成信息的再传递者，而他们只把信息传递给自己认识或者熟悉的人，但一旦消费者发现原来以为来自"自己人"的观点与言论，竟被商家精心策划、包装，甚至伪造，那么之后对于网络信息的信任度会极速降低，这反过来也不利于病毒式营销发挥功效。这种急功近利的做法更是容易招致消费者的反感，在同样的手段被用得太多、太滥之后，也会令类似信息的可信度大打折扣。

▋▋▋ **合作实训**

①上网选取一个你感兴趣的病毒式营销案例作为你要评估的对象。

②小组讨论，对该病毒式营销的背景及策划原因进行分析。

③对病毒式营销本身的策划过程和结果进行评估。

④如果该事件涉及某品牌，请就该事件对品牌的影响进行评估。

⑤根据表5-3所示的活动评价项目及标准总结自己的学习成果。

表5-3　项目评价表

评价项目	病毒式营销的案例分析（40%）	分析、比较、讨论表现（40%）	职业素养（20%）
评价标准	1. 分析合理、有效、完整 2. 分析比较完整 3. 分析无效，不完整	1. 积极参与，有主见 2. 参与主动性一般 3. 不积极，没主见	1. 大有提升 2. 略有提升 3. 没有提升
自己评分			
小组评分			
教师评分			
总得分			

任务三　了解网络事件营销

任务概述

近年来，网络事件营销因其受众面广、突发性强、传播范围大、传播速度快等优势而逐渐成为国内外十分流行的一种市场推广手段及公关传播媒介。这种营销方法适不适合服装网店推广呢？这种营销方法能给网店带来巨大的流量吗？带着这些疑问，李明决定先对网络事件营销一探究竟。

任务分解

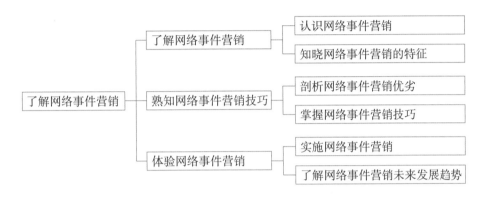

🎞 活动一　了解网络事件营销

活动背景

李明记得之前跟亲戚朋友一起参与过支付宝集福的活动，后来才明白这是支付宝策划的一次网络事件营销。虽然时间有点久了，但是只要一提到"敬业福"三个字，大家几乎立马就会想到集福活动。2016年年初，支付宝"集齐五福，平分2亿现金"的活动，无疑是平地一声雷，立马在人群中炸开了锅。李明想到底什么是网络事件呢？怎样利用网络事件进行营销呢？这就是我们本活动需要探讨的内容，一起来学习吧。

了解网络事件营销

知识探究

一、认识网络事件营销

1. 事件营销

在第7版《现代汉语词典》中，"事件"是指"历史上或社会上发生的不平常的大事情"，也可以说是有轰动力和影响力的事情。"事件"无疑是事件营销的出发点。如果说

"事件"是事件营销的重点，那么事件的受关注程度，也就是轰动力和影响力可谓是重中之重。事件的受关注程度表现为两个层次：第一是引起受众的普遍注意，但没有引起重复性记忆，并没有进一步地引起受众的习惯性行为；第二是事件引起受众的高度关注，并进一步改变了受众的日常生活，使其形成习惯性行为。企业在运用事件营销的过程中，越来越注重事件所投放载体的普遍性、功能性和实用性，投放在传统媒体的事件其受关注程度只停留在第一个层次，传统媒体的硬性推销式的宣传手段已经不能影响消费者的购买行为，所以企业需要一个普及率高、覆盖范围广、应用性强的载体为事件营销发挥出更大的效果提供更广阔的发展空间。

案例分享

事件营销

2. 网络事件营销

近年来，网络的飞速发展给事件营销注入了无限能量。通过网络，一个事件或者一个话题可以以更为轻松的方式迅速传播。网络事件营销是事件营销的一个分支，是指企业通过策划、组织和利用具有新闻价值、社会影响以及名人效应的人物或事件，以网络为传播载体，吸引媒体、社会团体和消费者的兴趣与关注，以求建立、提高企业或产品的知名度、美誉度，树立良好的品牌形象，并最终促成产品或服务的销售的手段和方式。

网络事件营销因其受众面广、突发性强、传播范围大、传播速度快等优势而逐渐成为国内外十分流行的一种市场推广手段及公关传播媒介。网络事件营销具有广泛的广告传播效应，能够集形象传播、客户关系于一体，已经成为营销传播过程中的一把利器，同时也为企业营销节省大量开支，是最快捷有效的网络营销手段之一。例如，2009年由网易幕后团队策划的"贾君鹏事件"，通过魔兽世界贴吧平台，获得了极高的关注度和参与度。

二、知晓网络事件营销的特征

1. 高速度，低成本

互联网传播比传统媒体的新闻发布省去了许多新闻评审环节，大大提高了时效性，使得事件营销能及时地、快速地、不受空间限制地传播出去；一个能引发人们兴趣的新闻事件，几天时间甚至几小时便可以家喻户晓，再加上一些人为的炒作与传播，知名度便可得到快速提升。

由于大部分新闻都是免费的，所以制作新闻基本上不需要大量资金投入。网络事件营销应该归为企业的公关行为而非广告行为。一篇网络新闻稿、一个论坛的帖子、一段网络视频都可以构成网络事件营销产生与传播的载体，这些都是低成本的投入，而当其迅速传播后所带来的巨大效果，是一般的营销手段无法比拟的。

2. 广渠道，高互动

网络事件营销大多以网络为基础，通过多种媒体传播方式进行扩散。这些形式易让消费者参与到互动中来，自觉接受并传递网络链接。一旦网络事件影响扩大，就会渗透至其他传统媒体，报纸、杂志、电视等都将接踵报道网络事件，达到"一呼百应"的效果。

与传统媒体相比，互联网能让受众通过互动评论等广泛参与，而传统媒体只能让受众单方面被动地接受，无法立即参与互动。网络事件营销策划时一定要让事件本身带有诸多争议，这种争议在网上能引起网民极大的兴趣，接着给予充分的互动评论，并且把事件再传播出去，从而达到事半功倍的效果。

3. 广延伸，不可控

成功的网络事件经历多个发生、发展、高潮到结束的过程，这就是网络事件营销的延展性。网络事件营销不能虎头蛇尾，只注重引起一时的轰动效果，而是从事件投放到网络媒体那一刻起，企业就要时刻观察其发展动态。因为在事件的进行过程中，随时会衍生出子事件的发生、发展、高潮，子事件的产生又会使网络受众延伸出新的关注点和舆论，所以企业必须使事件和子事件的发展方向符合企业的长期目标发展战略，与企业产品或服务的宣传策略相一致。

网络事件营销的不可控性主要体现在事件通过网络媒体传播而呈现出的效果不可控。事件被受众接触，产生各种各样的直接或间接的影响，带来相应的变化，这种影响和变化就是网络事件营销效果。企业采取营销手段的目的在于达到产品或者服务销售效果的最大化，网络上策划或借助事件进行传播时，多数考虑的是事件的短期效果，只求在受众中造成一时的轰动效果，如果事情最后朝着不可控的方向发展，最后将落得一个狼狈尴尬的下场。

【想一想】

与病毒式营销相比，网络事件营销有何不同？

【做一做】

请同学们以小组为单位在网上搜集一个成功的网络事件营销案例，并讨论其成功的原因，然后指派一名代表上台展示你们的讨论结果，给大家传授成功营销的经验，看看哪组同学总结得最为实用，最有指导意义。

(())　活动二　熟知网络事件营销技巧

▌▌▌ 活动背景

李明通过以上内容的学习，知道了什么是网络事件营销，知道这种营销方式需要当下的热门事件进行造势，可是怎样才能顺利借助热门事件来帮助自己营销呢？有没有什么技巧可循呢？如果没有掌握技巧，很有可能会适得其反，让别人认为自己是蹭热度。那么，我们还是一起来学习下网络事件营销的技巧吧。

一、剖析网络事件营销优劣

1. 优势

（1）影响范围广

网络事件营销传播迅速快，影响范围广，可超越时空的限制。网络事件营销提高了企业宣传效率，降低了企业宣传成本，使其宣传更加有效。

（2）网络事件营销无须店面支撑

网络事件营销与传统事件营销相比，无须店面支撑，大大降低了成本，使企业的营销方式更加有效。

（3）网友参与

网友在接收信息的同时也成为信息的传播者，甚至是事件的推动者，展现了巨大作用。

2. 劣势

（1）理论体系尚未完善

目前对网络事件营销研究尚未形成体系，这使得网络事件营销策划缺乏必要的理论支撑，缺乏全方位的人才帮助。

（2）网络事件营销的成本上升

消费者甄别能力越来越强，使网络事件营销需要更加专业的组织和策划，这必然造成网络事件营销成本的上升。

（3）网络事件营销的"度"较难把握

网络事件营销一旦过了度，往往会引起消费者的反感，产生负面影响。

网络事件营销

二、掌握网络事件营销技巧

1. 学会借势和造势

网络事件营销的传播方式是由事件营销的传播方式发展而来的，网络事件营销在理论上有项链理论和介入理论作为基础，在实践上，网络事件营销的基本传播方式是借势和造势。所谓"借"，是指借他人之势，成自己之势，借势应用的范围很广，只要是社会热点问题，都可以借他们的声势让受众关注企业自己的品牌或产品；所谓"造"，是指造自己之势，胜他人之势，造势更有利于企业整合自身的资源，创造出更加体现自身优势的事件来吸引受众，活动造势、舆论造势和概念造势是造势的基本策略。借势和造势同样也是网络事件营销的基本传播方式，但与事件营销的传播方式相比，又是存在差异的。网络事件营销与事件营销的传播方式的最大差异在于借势和造势的载体是可以"双向交流"的网络，对网络媒体的运用大大缩短了企业等待消费者回馈信息的时间。企业借助网络媒体投放事件要充分贴合网络媒体的特性，充分发挥网络媒体的优势。

2. 选准传播主体和传播对象

传播主体即信源的传播者，在制约传播效果的各个因素中，传播主体的制约作用居于控制地位。网络事件营销中的传播主体若想要达到理想的传播效果，信源的可信性必须有保障。即便是同一条信息，出于不同的传播主体，公众对其的接受度也不同。可信性可以从两个方面考量，其一为传播主体的信誉，如传播主体自身品格较好或公众对其好感度较高；其二为传播主体的权威性，如传播主体在某一领域较有地位或话语权。

在传播中，传播对象的属性对传播效果同样具有重要作用。在网络传播中，意见领袖的作用十分显著。意见领袖不仅具有强大的影响力与说服力，与被影响者是平等交流关系，而且社交范围广，信息渠道多。虽然传播对象个性千差万别，但是受集群效应影响，无论针对哪个领域的传播对象，只要对意见领袖的意见加以控制，就能发挥良好的传播效果。以2014年的网络事件营销"冰桶挑战，关注渐冻人"为例，此事件发起者为美国波士顿大学前校队棒球员弗雷茨。"冰桶挑战"作为一种新颖的慈善形式，活动要求被提名挑战的人要用冰水浇湿身体，并将视频上传至网络，在视频中提及3个人继续挑战，如若提名者拒绝冰水浇头，则必须向渐冻人症患者捐出100美元。自弗雷茨在社交网络发起此活动后，很多名人加入其中。这些名人充当了此次事件的意见领袖角色，将事件影响力扩大，为渐冻人协会筹集到巨额善款。

3. 利用情绪感染

消费者日益增长的物质文化需求以及由信息不对称而产生的话题，容易引起网络人群的极大关注。民生类、情感类、励志类等话题最容易引起网民共鸣。网络平台自身的优势在于传播话题的多样性，一段视频、一篇微博，甚至几个字，均能够在互联网上引起轩然大波。

【做一做】

　　情感营销已经成了新媒体营销中的常用之计，请你去网上搜索几个相关的事件营销的案例，说一说是怎么利用情绪感染来开展营销的。

4. 选择传播途径

虽然事件本身具备了传播的潜质，但如何让事件在网络上成为对公众有吸引力、可读性强的信息，还需要策划人员对材料进行精细加工、润色。在信息加工时，策划人员要多站在公众的角度思考问题，尽可能突出事件的社会意义。网络事件主要有以下三种传播途径。

（1）借助虚拟社区进行公共关系活动

通过虚拟社区进行品牌传播，开展新媒体公关活动，是营销传播常用的手段之一。虚拟社区是通过网络以在线的方式供人们围绕某种兴趣或需求集中进行交流的地方。在这种社区里，有着共同兴趣和需要的世界各地的人们主动参与到洋溢个性的社区活动中，人们不必付费就能够得到富有互动性的活动空间，人们主动与他人沟通，获得感兴趣的信息，并自由表达自己的观点和感受。

（2）网络发布会

随着视频网站技术支持的成熟以及微博的流行，"网络直播"现在几乎成了各大发布会、典礼的基本配备。在2010年8月份，诺基亚就专门召开了一场"科技，因人而熠"的全社交网络发布会，作为其智能手机 N8 正式上市的首波宣传攻势。这次网络直播得到了诺基亚官方网站、新浪微博、人人网、开心网和优酷网的共同支持，网友们可以选择自己喜欢的媒体来观看直播内容。

（3）博客传播

博客是一个信息发布和传递的工具。在信息发布方面，发布方式更为灵活。在内容题材方面，博客文章内容题材形式多样，因而更容易受到用户的欢迎。此外，专业的博客网站用户数量大，有价值的文章通常更容易迅速获得大量用户的关注，从而在推广效率方面要高过一般的企业网站。在事件营销中，应充分利用博客这种传播形式。在营销中，企业可以考虑使用自己的服务器，建立自己的博客系统，向员工、客户以及其他外来者开放。博客网站要由专人管理，定时备份，从而保障其稳定性和安全性。而且开放博客系统将引来更多同行、客户申请和建立博客，使更多的人加入企业的博客传播队伍中来，在更大层面上扩大企业的影响力。

【做一做】

请每个小组仔细研究讨论，结合一些成功的案例给某女装店铺设计一次网络事件营销方案，写出构思，然后评一评哪个小组的方案最为可行。

活动三　体验网络事件营销

活动背景

李明想体验一下网络事件营销，可是该从哪里下手呢？具体该怎样实施呢？网络事件营销未来的发展趋势又会怎样呢？他想继续学习，掌握这些内容。

知识探究

一、实施网络事件营销

1. 确定传播目标

进行任何一种形式的营销活动，都要事先确定好目标。在网络事件营销的实施中，确定传播目标，这个目标包括传播扩散范围、传播对象群体、传播效果等。如果是区域化商品或者品牌，传播范围可确定在对部分群体影响较大的区域内，所选择的网络营销工具也与广泛传播的不同。如餐饮、服务行业，区域性较明显，可选择当地的论坛作为网络事件营销的工具，传播方式也要符合当地的形势。传播对象由商品目标客户群决定，对象的确定有助于进一步制定网络事件营销的策略。如面向的对象为年轻女性，故网络事件营销所选择的工具尽量是女性用户经常使用的网络工具，话题需是年轻女性感兴趣的内容。网络事件营销的火候要控制好，这一点很关键。如果传播力度不够，则达不到事件营销的效果；如果过于轰动，则可能导致人们察觉营销痕迹过于明显，产生负面效果。

2. 分析当下网络舆论环境

网络舆论是以直接的方式公开表达意见的舆论，属于显在舆论，网络的开放特性便利了社会的潜在舆论向显在舆论的延伸和发展。不同的时期，网络舆论的环境会有所不同，把握好网民关注的方向，控制好舆论传播的尺度，也是网络事件营销的关键。

【想一想】

之前我们介绍病毒式营销时提到，稍有不慎，营销内容可能就会牵扯到道德伦理和社会诚信，那你认为网络事件营销有没有这样的困惑呢？有的话应如何避免？

3. 制定话题传播方案

在制定话题传播方案以前，要善于理解媒体、解读新闻事件、制造新闻事件。要注意，新闻要有代表性和显著性，要有让公众感兴趣的点，应提供与众不同的信息，应是难得一见、鲜为人知的事实，越贴近公众新闻性越强，要在第一时间对事件做出反应。满足公众的好奇心，是新闻事件运作的根本目的，新闻事件只有通过新闻传播才可以变为真正意义上的新闻。传播是新闻的本质。

4. 组织话题实施步骤

首先根据被宣传对象的特点做出策划方案；其次选择适合的网络营销工具进行传播，如论坛发帖；在此期间，若想提高关注度，可以联系付费网站管理员，特此照顾（推荐或置顶），同时抛出易于流传的言论，撰写新闻评论进行谴责性或质疑性报道，期待大量媒体跟进报道，同时注意维护形象。

二、了解网络事件营销未来发展趋势

1. 网络事件营销社区化

网络社区是包括论坛、贴吧、群组讨论、在线聊天、交友、个人空间、博客、微博等多种形式在内的网上交流空间。随着网络社区的发展和融合，用户可以很容易地发表观点，分享信息，网友之间的信息传播速度变快。因此，在网络社区中，网络热点和网民需求会更容易被发现和捕捉，这为网络事件营销的传播提供了便利条件，这也要求企业要随时关注社区动态，建立快速的网络事件营销反应机制，以获得更好的网络事件营销传播效果。

2. 网络事件营销成本上升

虽然影响力巨大的贾君鹏事件，总共花费不到二十万，但随着网络推手的日益专业化、正规化，以及网民对各种炒作事件甄别能力的上升，达到同样的效果，需要动用更多的人力、资源，必然会造成网络事件营销成本的上升。

3. 网络事件营销机构专业化

目前专业水准的网络事件营销策划公司并不多，从业人员的素质良莠不齐，而随着企业对网络事件营销的不断运用，会有越来越多的人员和机构从事这一行业，而行业的竞争必然带来门槛的提高以及网络事件营销机构的专业化。

4. 网络事件营销与传统事件营销结合

网络事件营销并不会取代传统事件营销，相反两者会出现互为补充、相互结合的趋势。从互联网到现实，从网络媒体到传统媒体，立体化、整合化的事件营销将会为企业带来更好的传播效果。

▌▌▌ 合作实训

①组建团队，为健身房策划一次网络事件营销。讨论网络事件营销的创意，确定营销内容，形成初步方案。

②根据所学的网络事件营销技巧，讨论、制定营销方案，并体现增加店铺流量的具体措施。

③根据表5-4所示的活动评价项目及标准总结自己的学习成果。

表5-4　项目评价表

评价项目	网络事件营销方案的策划（40%）	分析、比较、讨论表现（40%）	职业素养（20%）
评价标准	1. 策划合理、有效、完整 2. 策划比较完整 3. 策划无效，不完整	1. 积极参与，有主见 2. 参与主动性一般 3. 不积极，没主见	1. 大有提升 2. 略有提升 3. 没有提升
自己评分			
小组评分			
教师评分			
总得分			

任务四　知悉SNS社区营销

任务概述

中国的SNS以惊人的速度席卷了互联网，SNS的触角伸向互联网的每一个角落，其中国内专业SNS包括早期的亿聚网、51社区、校内网、开心网、海内网、蜗牛谷，还有之后如雨后春笋般萌出的新浪、微博、小红书、百度、腾讯等，甚至中国移动都早已开始运作，在2009年成立了移动139社区。可以说，SNS已经成为网站的一个标配。但李明对SNS社区营销还一知半解，不知道这种方式的营销能带来什么样的效应。接下来，我们跟李明一起来学习本任务的内容吧。

分解任务

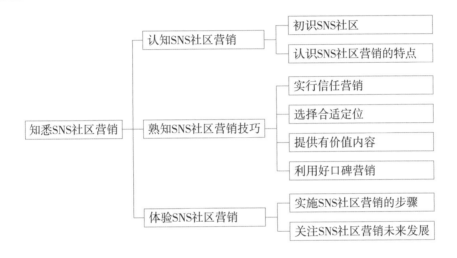

（）活动一　认知SNS社区营销

活动背景

李明还记得前些年半夜里起来"偷菜""抢车位"的日子，那时候特别痴迷于那种看似简单却有很大吸引力的小游戏。现在才知道原来那就是当时国内较火的SNS社区营销。那么，到底什么是SNS社区营销呢？这种营销方式有什么特点吗？能否借助这种方式来推广网店呢？李明的心里打起了小鼓。那我们就从基本的概念出发，先来认识一下什么是SNS社区营销。

案例分享

小红书

一、初识SNS社区

1. 了解SNS的理论基础

SNS的理论基础是六度分隔理论，也叫六度关系理论，是美国哈佛大学社会心理学家米尔格·兰姆于1967年提出并创建的。该理论的核心内容主要为你和世界上任何一个陌生人之间所隔的人最多不超过六个。换句话说，只要通过六个人，你就能和这个世界上的任何人取得联系。这种理论显示，我们每个人的社交圈都是在不断扩大的，最后会扩展成为一个大型的社交网络。

六度分隔理论是SNS社区网站建立并发展的理论基础。SNS的缔造者依据这种理论，建立起面向全社会的社交网站，目的是希望通过以"熟人的熟人""朋友的朋友"的联络模式来拓展人类的社交能力和社交范围，逐步建立起功能强大的社交网站。依据这种思维模式，SNS的网络实体模式借助互联网逐渐建立起来，成就了今天的社交网站。

2. 知晓SNS社区营销的概念

SNS的一种解释是社会性网络服务（Social Networking Services），专指旨在帮助人们建立社会性网络的互联网应用服务。SNS的另一种常用解释是"社交网站"或"社交网"（Social Network Site）。SNS社区营销指的是利用这些社交网络建立产品和品牌的群组，利用SNS分享的特点进行病毒式营销之类的营销活动。

【想一想】

你常用到的SNS社区有哪些？日常你会在这些网站搜寻哪方面的信息？你从这些网站购买过商品吗？

大多数的网民早已拥有个人博客、个人空间，从互联网社区获取及时信息，已成为人们情感寄托的渠道。而SNS社区网络的出现，也意味着互联网真正进入了"以用户为中心"的时代，突破了以往论坛、即时通信工具以及博客等相对单一化的传统网络交流模式，同时也带来了新的市场空间。

而随着互联网的发展，企业早已经不满足于一些基本的社交网络营销，开始使用这种新型的营销方式。

二、认识SNS社区营销的特点

1. 目标受众真实精确

SNS是在熟人的基础上进行信息传播的。真实的社会关系，使得营销变得真实而可靠。我们在进行SNS社区营销时，不仅要确保沟通质量，而且要尽量降低社会交际费用与存在的风险，所以真实的社会关系是不可缺少的前提。通过SNS，这种真实的社交关系能够反映到网络上，并依靠网络技术不断延伸扩大。这种真实性改变了人们对网络技术的认识，让人们重新了解到互联网的用途。

目标受众的精准性是SNS社区营销的另外一个表现。自从SNS产生以来，SNS社区的用户不再像传统营销那样处于被动的接受点位去接受信息和广告的传播，而是一个动态的过程，由被动变成主动，变成了主动的传播者。另外，受众可以根据自己的意愿来加工、处

SNS社区营销

理、反馈信息，媒介产品的应用和内容也会因为受众的改变而发生变化。如凡客达人通过建立自己的达人商城可以向自己的朋友、同学、粉丝来展示产品，这些客户群体都是建立在真实社交的基础之上的，因此，目标受众非常精确。

2. 表现形式丰富多样

首先，品牌广告的传播在SNS社区上可以说有着极为广阔的舞台，它们以点击类的弹出广告、网页广告等各种形式，在SNS社区首页、SNS内页面四周等位置出现。另外，SNS的各种娱乐板块当中也可以或多或少地植入一些广告信息，如品牌标志或者品牌主题。

其次，SNS的用户对在娱乐游戏中加入广告接受度较高。在SNS娱乐游戏里加入品牌广告，实现品牌与内容的结合，获得到了意想不到的效果。例如，开心网在抢车位游戏里面，针对真实车型的产品推出相关广告，让用户在购买SNS道具车时接受广告信息。通过这种形式的广告，用户在游戏的过程中了解到品牌的诸多信息，对品牌有一个真实的认识，在以后的商品消费时会有意无意地选择这些商品。还有一种就是用户自己主动关注这种广告，这种广告的作用就会更为明显。

最后，SNS社区的构建是社会关系的构建，每一个SNS社区里面的所有用户都有相似的地方，如受教育程度相当、居住生活地区较近、职业相关度高、有着相同的兴趣爱好等。所以针对这一类用户做一些线上或线下活动时，就会有一个良好的活动基础，也会收到比较满意的效果。

3. 品牌传播效率高

在品牌传播过程中，SNS社区营销具有速度快、效率高的特性。这种特性是通过社区简单合理的设计、灵活多变的促销方法与传播方式交相协作完成的。SNS社区能够为企业拓展出新的营销传播渠道，帮助企业形成新营销传播形式。同时结合口碑传播的优势，SNS社区表现出明显的作用，SNS社区的意见领袖使得用户对某些商品的看法通过真实的人际关系一层一层地传播出去。SNS的用户可能在搜寻好友以及参与好友游戏的过程中，主动了解到某些企业关于商品的传播信息，可以在最短的时间内精确了解到该商品的实际有用信息，这在无形之中就使得该商品的销售概率提高了。

另外，用户的品牌好评信息也会随着其他的真实社交关系传递下去，评价越高，其推动品牌多级传播的力量就越大。此外，在SNS社区中，品牌固定消费者的作用也是巨大的，忠实客户的力量是不可估量的，品牌的固定消费者出于不同目的进行重复性、定向性消费品牌产品，并在一定时间内向好友分享、展示。这种分享、展示会触发出环环相套的复合影响。例如，某品牌在开心网的抢车位游戏当中植入广告，若某位用户是该品牌的忠实粉丝，那么其在选择汽车或者车位时都会选择具有该品牌标志的产品，这位忠诚的消费者在无形当中向他的朋友展示该品牌，就可能带动他的朋友也去购买这个品牌的产品，所以SNS社区营销的传播效率很高。

活动背景

李明已经知悉了SNS社区营销的理论基础、概念及特点，他知道这种营销的本质就是利用人际关系来开辟道路。这就注定了这种营销的可靠性比较高，受众的信任度也比较高。那么，我们身边有哪些知名的SNS社区呢？我们怎样借助这些社区来给自己传播信息呢？SNS社区营销有没有什么技巧可言？李明的心里有一些疑惑。接下来，我们就带着这些问题，一起来学习SNS社区营销的技巧。

案例分享

新浪微博

微博是基于用户关系的社交媒体平台，用户可以通过计算机、手机等多种终端接入，以文字、图片、视频等多媒体形式，实现信息的即时分享、传播互动。微博基于公开平台架构，提供简单、前所未有的方式使用户能够公开实时发表内容，通过裂变式传播，让用户与他人互动并与世界紧密相连。作为继门户、搜索之后的互联网新入口，微博改变了信息传播的方式，实现了信息的即时分享。

自2009年8月上线以来，新浪微博就一直保持着爆发式增长。2010年10月底，新浪微博注册用户数超过5000万。2014年3月27日，新浪微博正式更名为微博。根据2010年官方公布数据显示，新浪微博每天发博数超过2500万条，其中有38%来自移动终端。新浪微博是国内有影响力、受瞩目的微博运营商。加之明星的入驻，粉丝的加入，新浪微博成为一个大型的社区网络，营销氛围日益浓厚。

知识探究

一、实行信任营销

迄今为止，网络安全一直是社会普遍关注的一个话题。在垃圾邮件横飞、网络广告铺天盖地的营销环境中，网络交往存在着很大的不确定性和潜在的危险性，大部分的网络用户对基于网络建立的社会关系持怀疑态度，甚至是抵触态度。所以，基于这种网络环境，实行信任营销是非常有必要的，而且中国的SNS在起步阶段，就鼓励用户以实名制注册。如人人网，摒弃了传统网络世界的虚拟性，要求注册用户以真实的身份进行注册，在注册过程中需要上传真实照片，审核通过之后才能成为用户。开心网也鼓励用户实名注册，上传真实照片。

在信任的基础上建立起的真实社交网络，在一定程度上消除了网络用户对于网络陷阱的恐惧心理，赢得了用户的信赖。在这种环境下，用户会放下警戒，享受真实的社交带来的安全感，营销的效果也会事半功倍。

SNS社区营销所具备的信任性区别于以往的各种交际性网络。SNS社区为用户打造出一个能够随意选择的、带有保密性的行为空间。在这个空间中，用户可以交流沟通、组织活动、组建特殊的交际范围与活动对象，甚至可以随意设定开放范围与开放目标，恰到好处地为便于交际与安全找到适度调节范围。通过SNS的用户公开信息，其他用户能够了解到真实资料及有关信息，这不同于拥有虚假成分的交际网络。

二、选择合适定位

从我国社交网站用户年龄层次来看，总体呈现年轻化趋势，所以在SNS刚开始营销时，普遍选择较为年轻的群体来展开。有调查显示,社交网站用户每周平均上网时长达22.1小时,比网民总体上网时间多2.3小时,而其中83.5%的社交网站用户是80后。因此,大多数的企业在进行SNS社区营销时,都会把目标客户定位在年轻团体上。据点击率(CTR)调查显示,当前大学生在互联网以及数码产品方面半学期平均花费达1845元。年轻的白领群体除了拥有与大学生相似的消费特点外,还具有稳定可观的收入来源,消费能力高于大学生群体,可见,二者的消费市场巨大。

因此,选择合适的目标群体定位至关重要。有了精确的目标群体,在制定营销策略、实施营销方案时都有了明确的受众群体,营销就会变得专业而精确。后来大多的SNS社区营销都采用了目标群体定位的策略,如开心网主要面向白领群体,蜗牛谷服务于理财人士,蘑菇街面向年轻新潮的女性群体等。

三、提供有价值内容

SNS社区营销的内容是否有价值,是否有特点,是能否吸引受众的重要元素。SNS社区只有为其用户提供有价值、有特点的服务,才能吸引更多用户的眼球。但是,目前国内SNS社区营销的内容大同小异,跟风现象比较严重。一味地模仿和跟风会使用户产生使用疲劳,最终对这种营销方式失去兴趣。例如,开心网的开心农场、开心牧场,刚推向市场时引起了轰动,不少人都对自己半夜定闹钟起来偷菜的场景记忆犹新。一时间,所有的SNS社区均开发了农场、牧场,甚至雷同的餐厅项目,虽然项目众多,但是万变不离其宗,最终使得用户产生审美疲劳和逆反心理。

因此,SNS若不能尽快推出新的功能组件来吸引用户,那么SNS的发展将会遭遇瓶颈。我们在进行SNS社区营销时要避免出现同质化的内容,因为不同用户对于SNS的定位是不同的,具有独特性。中国的SNS在进行营销时,要结合自己服务市场的需求,为用户提供有价值、有特点的信息和服务。

【做一做】

不同的SNS社区营销内容各具特色,请你登录不同的SNS社区,来体验营销内容,并学习有价值的部分,领略其吸引受众的方式。

目前,网络比较流行"感情营销",可以借助感情营销来发展SNS。根据市场营销学的规律,进行情感营销,关键在于打造情感产品,因为SNS本质上就是一款沟通社会关系的情感产品,再加上SNS平台上运行的"礼物"功能所带来的情感价值,很快能够赢得用户的喜爱。另外,借助慈善活动也可以树立SNS社区的形象,增添用户的好感度。例如,2008年2月,中国暴雪来袭,校内网携手中华慈善总会举办"众志成城,重建家园"活动,并为用户提供了一个自由表达对灾区人民关爱的情感平台,得到了用户的积极响应,大家把自己的关心和挂念表达在情感平台上。通过这样一个SNS社区,人们把温暖送给了灾区人民,虽然这个冬天风雪肆虐,但是我们仍然感受到了春天般的温暖,看到了春的希望。同时,SNS良好的慈善家形象也成功树立,对于未来的营销是一个很好的铺垫。另外,抓住用户的娱乐心理,利用黏着用户兴趣来制胜。娱乐,是很多用户使用互联网的理由,将SNS打造为一款情感产品，一款能够缓解用户实际工作和生活中的压力，让他们在虚拟社区中得到释放，在简单的组件游戏中就能轻易体验成功的喜悦、竞争的刺激的产品。娱乐用户的关键在于调动用户的兴趣，只有用户以极大的兴趣投身到组件游戏或网络应用中，才能实现良好的情感体验，达到娱乐的目的。

四、利用好口碑营销

以口碑传播的体验型广告充分利用社交网络用户间的信息流，将电子商务行为与口碑营销整合起来。与推销型的电视广告相比，消费者可能更相信出自朋友之口的只言片语，这种方式可以促使商家更加注重产品的内在品质，优秀的产品将有可能在人际网络中得到更多好评和更广泛的传播。星巴克在这一点做得较为成功。2008年11月15日至12月30日期间，在爱情公寓的虚拟公寓大街建造了一个星巴克咖啡店，让网友上传自己生活当中与星巴克接触的照片并写下感言，以口碑与体验的方式来塑造出星巴克式的生活态度。同时，网友设计专属礼品，在虚拟店可以领取或送好友。通过线上及线下活动报道，大量的曝光让参与程度提升，分享关于星巴克的信息及新闻，延伸星巴克第三空间的概念，强化"星巴克是除了家、办公室之外，第三个好去处"的理念。

【做一做】

请各小组选择合适的SNS社区，给某女装店铺设计SNS社区营销方案，请给出设计思路，每组选择一名代表上台介绍方案，比一比哪一组做得最好。

🎥 活动三　体验SNS社区营销

▐▌▌ 活动背景

李明想给某女装店铺设计一次成功的SNS社区营销，希望能通过自己的朋友、熟人把店铺信息传播出去。可是具体该怎么实施呢？SNS社区营销在未来发展又会如何呢？他陷入了沉思。接下来，我们探索SNS社区营销的实施步骤，帮助李明完成他的梦想吧。

▐▌▌ 知识探究

一、实施SNS社区营销的步骤

1. 选择一个热门话题

找到一个让目标客户感兴趣的话题非常重要。能够直接切入兴趣点，成功获得目标客户的关注，是SNS社区营销千里之行的第一步。尤其要关注能让目标客户中的意见领袖兴奋起来的话题，但不能过于冷门，可以结合当下的社会大环境。热门话题获得关注之后，会自发的形成口碑营销模式，话题冷热度对于营销效果的影响犹如投掷石子：用一颗小石子投向水面，只能溅起小水花，不能形成很大的涟漪，因为引爆点的力度不够；如果换成大石头投向小水坑，当然会水花四溅，但无法形成长远的波纹，目标群体就像水坑，选择范围过窄无法进行延伸；如果用大石头投向大河，那么不仅能够溅起很大的水花，还能够形成连续不断的涟漪，波及远方。热门话题选择得好不好，就像掷入水中的石子，石子越大，产生的撞击力度就越大，波及的范围就越广。

【想一想】

在病毒式营销中，我们也提及寻找一个让目标客户感兴趣的点，并称之为"病毒"，这与SNS社区营销中选择热门话题是否有异曲同工之效？

2. 强化爆发力

话题选择完毕之后，将围绕着该话题进行一系列的细节执行活动。当选择了引爆点后，必须及时且不断地强化其爆发力。通过利用一些社区平台对外扩散话题的细节信息及执行过程，另外选择不同渠道散布该话题的发展进程，通过一系列执行活动，刺激和固化先锋人群对于该话题的跟随。

3. 引导客户参与

与传统的营销方式不同，SNS社区营销过程中更加注重引导。SNS社区营销中需要客户参与，尤其是先锋人群的参与。所以，在营销细节中，我们必须不断引导客户参与到营销事件当中。

4. 二次包装

先锋人群互动产生的内容，是非常值得二次包装和炒作的。2009年的"大堡礁招聘'护岛人'"的营销案例，被誉为最超值的旅游景点营销计划。此次活动的参赛规则是全世界任何人都可通过官方网站报名，申请者需制作求职视频，介绍自己为何是该职位的最佳人选，内容不可多于60秒，并将视频和一份需简单填写的申请表上传至活动官方网站。前期优秀的求职视频被营销策划者二次包装后，传播于各大知名视频、博客和SNS站点。随着求职视频的病毒式传播，越来越多的人加入该活动计划，数以百万计的求职视频最终影响数以亿计的全球网民。

5. 检验效果

一个SNS社区营销活动执行到一半时，其实我们自己就可以检验该活动是否能够成功。这主要看达到这一阶段，我们的周围有多少认同的客户群体。通过SNS及搜索引擎，我们可以了解目前这个话题，有多少人关注、正反意见的比例等。SNS社区营销成功的保证之一是外围客户的认同程度、客户数量和客户质量。

6. 持续营销

一个成功的SNS社区营销策划要想有持续的关注，需要不断爆出新话题，否则SNS社区营销周期将会是短暂的。对于SNS社区营销的策划者而言，必须非常清楚此次推广的周期和火候。恰当时候推出的相关话题会延长SNS社区营销周期，甚至推动起另外一个高潮。

7. 口碑辐射

外围客户群体口碑辐射，大量客户开始加入其中。2009年，当开心农场在IT从业者中风靡后，大量"偷菜"的相关评论从IT从业者口中传播到更广泛的网民群体。从口碑营销的角度来说，此时开心农场已成功地通过先锋人群口口相传至大众。此时，营销策划者只需利用大众平媒和网媒稍微宣传，即可获得很好的营销效果。

二、关注SNS社区营销未来发展

1. SNS社区营销效果评估体系缺失

尽管目前广告主对社区广告这种崭新的形式感兴趣，但是目前社区营销效果评估体系尚未建立，这使许多广告主无法对社区广告营销的效果得到清晰的反馈，进而影响广告主对SNS社区的广告投放。

【想一想】

如何建立一个良好的SNS社区营销效果评估体系？

2. 缺乏行业标准，营销模式存在较大差异

作为一种尚处于发展初期的社区营销模式，目前尚未建立起一种统一的行业评价标准，导致许多SNS平台的模式各有不同，为广告主提供的服务和质量也有很大差异，容易让广告主产生误解。

3. 社区营销过于短视

由于盈利压力大、缺乏新的营销理念突破等原因，一些以炒作为主要模式的营销充斥SNS社区营销领域，这种过于追求短期效果、缺少完善服务体系的营销给广告主带来了一些负面的感受。中国网民其实非常注重沟通，同时也有着非常强烈的团队的归属感和认同感，而这无疑是SNS取得良性发展的重要基础。相对于博客的个人化体验，SNS的互动性更强，也更便于交流和沟通，因此也更容易带来商业价值。所以，相比之下，SNS比个人博客更容易商业化，也更容易产生规模化效益，这些都是投资商和广告主看重SNS的原因。可以说，互联网是一个彰显个性和实现沟通的最佳平台，"沟通创造价值"，而相比之下，SNS应该比博客这种偏向于彰显个性的模式更有商业前景。

合作实训

①请同学们结合文中给出的小红书的案例，来具体阐述什么是SNS社区营销，SNS社区营销具有哪些特点。

②介绍小红书是如何实施SNS社区营销的。

③根据表5-5所示的活动评价项目及标准总结自己的学习成果。

表5-5 项目评价表

评价项目	小红书营销特点及步骤的阐述（40%）	分析、比较、讨论表现（40%）	职业素养（20%）
评价标准	1. 阐述合理、有效、完整 2. 阐述比较完整 3. 阐述不完整	1. 积极参与，有主见 2. 参与主动性一般 3. 不积极，没主见	1. 大有提升 2. 略有提升 3. 没有提升
自己评分			
小组评分			
教师评分			
总得分			

项目小结

通过学习电子邮件营销、病毒式营销、网络事件营销、SNS社区营销，李明知悉了这四种营销方式的定义、特征、优势、劣势等基础知识；通过分析各种营销方式的内涵和特征，熟悉了营销的技巧和操作方法，懂得了如何利用这些营销方式来帮助网店开展网上业务，获取流量；明晰了除了传统的营销方式之外，还有几种典型的网络营销方式。学习完本项目知识后，李明对网络营销的兴趣进一步提升了，增添了在网店推广这条道路上大展宏图的信心和力量。

项目检测

一、单选题

1. 我们通常提到的电子邮件营销是指（　　　）。

A. 未许可电子邮件营销　　　　　　　　B. 许可电子邮件营销

C. 各种方式的电子邮件营销　　　　　　D. 垃圾邮件

2. 病毒式营销是指市场信息呈（　　　）增长速度传播的一种营销策略。

A. 倍数　　　　　　B. 高速　　　　　　C. 缓慢　　　　　　D. 几何级

3. 实施病毒式营销，首先要创建有价值的（　　　）。

A. 病毒　　　　　B. 话题　　　　　C. 信息　　　　　D. 广告

4. 网络事件营销指企业通过策划、组织和利用具有新闻价值、社会影响以及名人效应的人物或事件，以网络为（　　　），吸引媒体、社会团体和消费者的兴趣与关注，以求建立、提高企业或产品的知名度、美誉度，树立良好的品牌形象，并最终促成产品或服务的销售的手段和方式。

A. 传播平台　　　　B. 传播对象　　　　C. 传播载体　　　　D. 传播市场

5. SNS社区营销的理论基础是（　　　）。

A. 六度分隔理论　　　　　　　　　　　B. 马斯洛需求层次理论

C. 公平理论　　　　　　　　　　　　　D. 二八定律

二、多选题

1. 电子邮件营销的劣势有（　　　）。

A. 垃圾邮件横行

B. 邮件可信度高

C. 电子邮件营销效果评估较容易

D. 用户对电子邮件要求越来越高

2. 病毒式营销的"3W"策略是指（　　　）。

A. 创建"病原体"　　　　　　　　　　B. 找到易感人群

C. 选准传播渠道　　　　　　　　　　　D. 提供免费产品或者服务

3. 病毒式营销存在哪些问题？（　　　）

A. 营销效果的不可预期性　　　　　　　B. 传播伦理问题

C. 易造成病毒感染　　　　　　　　　　D. 社会诚信问题

4. 网络事件营销的特征包括（　　　）。

A. 高速度，低成本　　　　　　　B. 广渠道，高互动

C. 广延伸，不可抗　　　　　　　D. 多受众，被接受

5. SNS社区营销有哪些技巧？（　　　）

A. 实行信任营销　　　　　　　　B. 选择合适定位

C. 内容有价值、有特点　　　　　D. 利用口碑营销

三、判断题

1. SNS社区营销的目标受众是虚拟模糊的。（　　　）

2. 病毒式营销是指依靠病毒传递的广告营销。（　　　）

3. 电子邮件营销时，邮件的标题要使用夸张的广告语言以吸引受众。（　　　）

4. 电子邮件营销具有覆盖面广、速度快、无时空限制等特点。（　　　）

四、场景实训题

1. 申请一个电子邮箱，并成功登录，了解邮件的发送流程和技巧，并试着编辑一封营销邮件，发送给自己的朋友。

2. 请分析本项目四种不同的营销方式，总结归纳并比较各种营销方法的优势与劣势，以表格的形式表现出来。

项目6 掌握网络广告推广

项目概述

随着信息技术的快速发展，互联网用户规模剧增，越来越多的人开始意识到互联网作为广告媒体的强大力量。与报纸、杂志、电视、广播传统四大媒体相比，网络广告传播速度快、效果好、针对性强，可以实现即时沟通，具有得天独厚的优势。网络广告已经成为现代企业营销的重要手段之一。那什么是网络广告？如何进行网络广告推广呢？

认知目标

1. 掌握网络广告的概念、特点和形式。

2. 了解网络广告的构成要素。

3. 知悉网络广告的图案设计和文字设计。

4. 理解网络广告推广的概念。

5. 学会网络广告推广的策略。

技能目标

1. 能够进行网络广告赏析。

2. 能够进行网络广告设计或提出网络广告设计思路。

3. 能够选取合适的媒体进行网络广告投放。

素养目标

1. 具备学习网络广告的兴趣。

2. 具备开展网络广告推广岗位工作意识。

3. 具有进一步独立学习的能力，具有创新精神和深入学习的意识。

任务概述

李明的一位朋友在烟台创建了自己的生态果园，种植苹果、樱桃等水果。最近，朋友向李明求助，果园搞促销活动，希望李明帮忙设计网络广告。李明对网络广告还不太熟悉，为了帮助朋友解决困难，他决定尽快掌握网络广告的相关知识。

任务分解

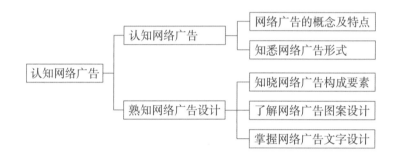

活动一　认知网络广告

活动背景

为了能对网络广告有整体上的认识，李明从广告、网络广告的概念入手，认真系统地研究网络广告的概念、特点、形式等知识。

知识探究

一、网络广告的概念及特点

1. 理解网络广告概念

要理解网络广告的概念，先来看一下什么是广告。广告，即广而告之，意指向社会公众告知某件事物。早期的广告是通过声音来实现的，又称为叫卖广告；随着时代的进步，逐渐出现了招牌广告、幡布广告、印刷广告等；到现代，广告得以快速发展，出现了以报纸、杂志、电视、广播四大媒体为主的广告形式。

认识网络广告

网络广告是随着互联网的普及所诞生的一种以网络为主要媒体的广告形式。随着网络的普及，尤其是移动互联网的快速发展，网络广告规模迅速扩大，企业开展网络广告推广具有十分重要的意义。

不同的论著，对网络广告的定义略有不同，但基本可以归纳为以下内容：网络广告，是指广告主以网络作为广告媒体，采用多媒体技术设计制作并通过网络传播信息给目标受众的信息传播活动。从上述概念中可以看出，网络广告构成要素有以下几点。

（1）广告主

广告主是指发布网络广告的企业单位和个人。

（2）广告媒体

网络广告的广告媒体就是网络。企业利用互联网，可以在全球范围内提供24小时的在线服务。

（3）目标受众

目标受众是指网络广告的广告对象。从狭义上讲，指的是企业开展营销活动所针对的某一特定群体。从广义上讲，全体网民都可以成为目标受众。

（4）广告信息

广告信息指的是网络广告的具体内容。网络广告一般采用多媒体技术设计和制作，可以同时包含文字、图片、声音、动画等多种形式，具有超大的信息容量，这是传统广告无法比拟的。

2. 了解网络广告特点

与传统广告相比，网络广告具有如下独特的优势。

（1）传播范围广

借助互联网，网络广告的传播范围非常广泛，网民可以在任何时间、任何地点登录相关页面，浏览广告信息，不受时空限制。

（2）信息容量大

借助互联网，广告主可以把公司的简介、产品信息、促销信息等所有想要向目标受众传达的内容制作成网页，链接到一个小小的广告条之后。在费用不变的情况下，可以附加大量的信息。

（3）互动性强

通过虚拟现实技术，顾客可以身临其境般地感受商品或服务。通过即时通信工具，顾客可以随时与商家进行交流，这大大增强了网络广告的实效。

（4）针对性强

在互联网上，网站一般都有特定的访问者。广告主一般会选择特定的网站发布广告，这样在投放广告时，能够针对目标受众做到有的放矢，并且根据目标受众的特点、兴趣和品位确定广告信息、广告形式。

（5）实时性强

在传统媒体上刊发广告，一般很难修改，但在互联网上，广告主可以根据需要随时修改广告信息，并且广告的制作周期比较短，可以实现快速制作并发布。

（6）效果可衡量

借助互联网，广告主可以实时获取广告的浏览量、点击率等指标，精确地统计广告的传播情况，获取潜在客户的需求，及时根据受众的反应调整内容。

二、知悉网络广告形式

随着信息技术的发展，网络广告的形式越来越多，常见的网络广告形式主要有以下几种。

1. 网幅广告

网幅广告又叫旗帜广告，分为横幅和竖式两种。网幅广告既可以是静态图片也可以是动态图片，信息承载量较大，是目前最主要的网络广告形式之一，如图6-1所示。

图6-1 网幅广告示例

2. 文字链接广告

文字链接广告是一种对浏览者干扰较小、效果较好的网络广告形式。文字链接广告位的安排非常灵活，可以出现在页面的任何位置，每一行就是一个广告，点击文字就可以进入相应的广告页面，如图6-2所示。

图6-2 搜狐网首页中的文字链接广告

3. 电子邮件广告

电子邮件是网民经常使用的沟通工具之一，电子邮件广告有两种形式：一种是将广告内容放置在新闻邮件或者是经过许可的电子邮件中；另外一种是向电子邮件服务提供商付费，在邮箱界面中发布广告，如图6-3、图6-4所示。

4. 弹出式广告

弹出式广告一般是在已经显示内容的网页上出现的具有独立广告内容的窗口，能够直接影响访问者浏览网页内容，因而会引起受众的注意，但缺点是可能会引起反感。

5. 其他广告形式

除了上面列出的广告形式之外，还有许多其他广告形式，如搜索引擎广告、视频广告等。

图6-3　经过用户许可的电子邮件广告

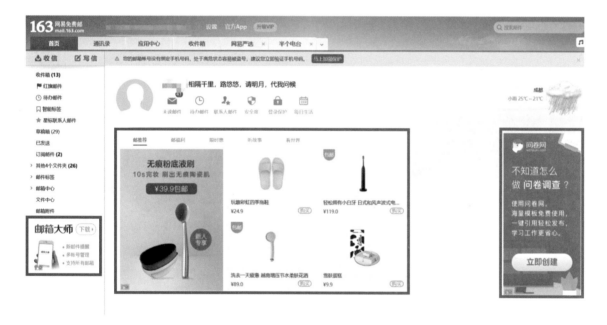

图6-4　网易免费邮箱中的广告示例

（📷）活动二　熟知网络广告设计

活动背景

　　在前面学习中，李明已经对网络广告有了基本的认识，他想着手为朋友制作一个苹果产品的网幅广告，但是他对网络广告应该如何设计还是感觉很困惑。同学们知道了李明的困惑，打算帮他研究网络广告的设计与制作。

知识探究

　　网络广告的设计包括图案、文字、排版等内容。好的网络广告要能将广告主的意图清晰、形象地传达给目标受众。网络广告的设计水平对网络广告的效果影响巨大。

一、知晓网络广告构成要素

与传统广告相比，网络广告有更多的表现元素和形式。网络广告一般包括以下内容。

1. 标题

标题起到画龙点睛的作用，是对广告内容的凝练。标题要简洁明了，概括力强，可以是一个完整的句子，也可以只用一两个词语表示。标题在设计上一般采用基本字体，不宜太花哨，力求醒目易读，在整个版面当中应该处于最醒目的位置。

2. 正文

正文主要体现广告的基本内容，具体详细地阐述产品或者促销活动信息。正文要通俗易懂，内容真实，语言简洁。正文的字体一般比标题小。

3. 标语

标语是配合广告主题而设计的形象生动的短句，它具有顺口易读、指向明确的特点。如李宁品牌广告标语"一切皆有可能"，代表着体育的无限超越精神，彰显了品牌独有的情怀。

4. 图案

图案是用视觉艺术手段来传达产品或促销信息，增强记忆效果的方式。图案可以让消费者留下更深刻的印象，更容易引起消费者的注意。

网络广告的制作还要特别注意以下几个要点：定位准确，具有内涵；结构合理，前后呼应；画面生动，语言简洁；内容变化，保持新鲜。

二、了解网络广告图案设计

1. 认识色彩

在网络广告的设计中，色彩的影响作用很大。色彩的视觉效果强，能够引起受众注意。色彩选择和搭配是网络广告设计的重点之一。

认识网络广告
图案设计

先来看一看什么是色彩。色彩是能引起人们审美愉悦的、最为敏感、最有表现力的形式要素之一。色彩具有三个基本特性：色相，纯度（也称彩度、饱和度），明度。

色相是指能够比较确切地表示某种颜色色别的名称，如玫瑰红、橘黄、柠檬黄、钻蓝、群青、翠绿等。色彩的纯度是指色彩的纯净程度，它表示颜色中所含色彩成分的比例。含色彩成分的比例越大，则色彩的纯度越高；含色彩成分的比例越小，则色彩的纯度也越低。明度是指色彩的明亮程度。各种有色物体由于它们的反射光量的区别而产生颜色的明暗强弱。色彩的明度有两种情况：一是同一色相不同明度。例如，同一颜色在强光照射下显得明亮，弱光照射下显得较灰暗模糊；同一颜色加黑或加白混合以后也能产生各种不同的明暗层次。二是各种颜色的不同明度。每一种纯色都有与其相应的明度。白色明度最高，黑色明度最低，红、灰、绿、蓝色为中间明度。色彩的明度变化往往会影响纯度，如红色加入黑色以后明度降低了，同时纯度也降低了；如果红色加白色则明度提高了，纯度却降低了。

在网络广告的设计中，要想合理进行色彩的选择与搭配，需要遵循以下几个原则。

（1）色彩的合理性原则

网络广告的色彩要漂亮引人注目，但同时要照顾人眼睛的生理特点，不要大面积地使用高纯度色相，否则容易使人的眼睛疲劳。

（2）色彩的独特性原则

要有与众不同的色彩搭配，让大家对网络广告印象深刻。

（3）色彩的艺术性原则

色彩应该服务于网络广告的内容，色彩的选择要与网络广告内容相适应。比如灰色、蓝色常常用于高科技企业，粉色多用于女性题材的广告，红色多用于促销活动等。

2. 构思网络广告图形

一则成功的网络广告离不开图形的运用，当人们在浏览信息时，很容易被富有创意的图形所吸引。网络广告的图形构思，要与文字相结合，不能喧宾夺主，在视觉上要能够吸引用户。图形构思主要考虑以下几个方面。

（1）真实性

广告设计的目标在于宣传、推介产品，提升产品知名度，提高消费者的购买欲。但首先需要尊重客观实际，在产品宣传手法上要与产品事实保持一致，不能夸大其词，误导消费者，更不能利用虚假广告来欺骗消费者。

（2）简洁性

在有限的空间发挥文字、图形、符号、色彩的优势，必然需要从繁杂的视觉信息中提炼最为直接、最具视觉冲击力的内容。简洁性设计，就是要切中要点，要让受众能够快速认识到产品的优势、特点、作用、功能，吸引受众注意力。

（3）规范性

平面广告设计要遵循国家相关法律法规要求，合乎基本道德规范。不能为了夺得用户"眼球"，在图形图像处理中融入低俗、违法内容。

3. 掌握图形（图像）格式

网络广告很多都是以图形为最终的呈现形态，下面我们一起看一下常见的图形格式。不同的图形文件格式有不同的后缀名。

（1）BMP格式

位图，外语简称BMP，是一种与硬件设备无关的图像文件格式，使用非常广。Windows中附件内的绘画程序的默认图形格式便是此格式，一般的图形软件都能够对其进行访问。

（2）GIF格式

图形交换格式，外语简称GIF。几乎所有相关软件都支持它，公共领域有大量的软件在使用GIF图像文件。

（3）JPEG格式

联合照片专家组，外语简称JPEG，也是最常见的一种图像格式，文件后缀名为".jpg"或".jpeg"，可以大幅度压缩图形文件。同样一幅画面，用JPG格式存储的文件是其他类型图形文件的1/10到1/20大小，一般文件大小只有几十k或者一两百k，而色彩数最高可达到24位，因此它被广泛运用于互联网，以节约宝贵的网络传输资源。

（4）PSD格式

PSD是Photoshop图像处理软件的专用文件格式，文件扩展名是".psd"，可以支持图层、通道、蒙版和不同色彩模式的各种图像特征，是一种非压缩的原始文件保存格式。

（5）CDR格式

CDR格式是绘图软件CorelDRAW的专用图形文件格式。由于CoreDRAW是矢量图形绘制软件，所以CDR格式可以记录文件的属性、位置和分页等。

4. 选择网络平面广告制作工具

平面广告制作工具，首先应该根据自己对于软件的掌握程度来挑选。功能比较全面、操作简单、应用比较多的是Photoshop，此外CorelDRAW等软件也是不错的选择。关于软件的具体使用，在此不单独介绍。

三、掌握网络广告文字设计

网络广告文字设计，指的是结合符号、图片和文字多种方式来进行创造，并在此过程中传达想法或信息的活动。文字设计具有如下技巧。

1. 新颖有创意

互联网时代，人们希望从网上获得新鲜有趣的信息。网络广告的文案应该生动活泼，多加入一些具有创意的元素，吸引消费者眼球。

2. 突出重点

广告的目的是将产品或者营销的信息传递给目标受众，让他们快速地了解广告所要表达的重点。

3. 融入情感

好的文案，一定是融入了真实的情感，能感动自己的文案也一定可以打动他人。情感让文案和产品拥有生命力，更能引起目标受众的共鸣。

合作实训

①请同学们搜集自己喜欢的品牌的网络广告，选取三家进行对比分析。谈一谈这些网络广告是否能够打动你，打动你的原因都有哪些，这些网络广告的设计思路是什么样的，你得到了哪些启发。

②根据表6-1所示的活动评价项目及标准总结自己的学习成果。

表6-1　项目评价表

评价项目	搜集网络广告图片（40%）	分析、比较、讨论表现（40%）	职业素养（20%）
评价标准	1. 网络广告质量高，有代表性 2. 能够搜集相关的网络广告 3. 搜集不到网络广告或者搜集到的网络广告质量差	1. 积极参与，有主见 2. 参与主动性一般 3. 不积极参与，没有自己的主见	1. 大有提升 2. 略有提升 3. 没有提升
自己评分			
小组评分			
教师评分			
总得分			

任务二　做好网络广告推广

任务概述

通过网络广告相关知识的学习，李明帮助开办生态果园的朋友设计好了网络广告。但是接下来如何进行网络广告推广呢，李明犯了难。电子商务的专业课教师王老师知道了他的困惑，主动帮助他解决推广的难题。他们决定从学习网络广告推广的基础知识入手，进一步了解网络广告推广策略，最后帮助李明的朋友完成网络广告推广。

任务分解

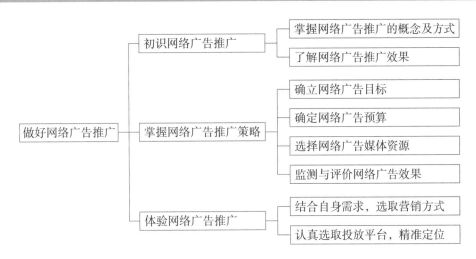

129

活动一　初识网络广告推广

活动背景

为了快速了解网络广告推广知识，李明从网络广告推广的概念入手，认真系统地研究网络广告推广的概念和重要性。

知识探究

一、掌握网络广告推广的概念及方式

1. 熟悉网络广告推广

网络广告推广，是指将完成好的网络广告通过各种免费或收费渠道展现给目标受众的一种传播方式。

从狭义上讲，是指基于互联网采取的各种手段方式进行的一种宣传推广等活动，同传统广告相同，网络广告推广的目的也是增加自身的曝光度以及对品牌的维护。从广义上讲，也有人将网络广告推广理解为网络营销。

2. 了解网络广告推广方式

网络广告推广方式主要有以下三种。

①网络广告的站点发布。将网络广告在网站上进行发布。

②网络广告付费投放。广告主以付费的形式将广告投放到搜索引擎、门户网站等网络媒体中。

③网络广告的其他渠道投放。利用其他渠道如电子邮件、即时通信工具等发布网络广告。

二、了解网络广告推广效果

网络广告推广直接影响企业网络营销的效果。随着信息技术的不断进步，电子商务行业迅速发展，市场环境发生巨大变化，网络广告推广成为当今企业的重要营销方式之一。网络广告推广以其低成本、无地域限制等特点，为企业提供了非常好的宣传途径。对于小微企业，可以采用具有针对性的、免费的网络广告推广方式；对于实力强的企业，可以采取付费形式进行网络广告投放。

活动二　掌握网络广告推广策略

活动背景

在前面的学习中，李明已经对网络广告推广概念、方式等有了基本的了解，他想进一步研究网络广告的推广策略。同学们跟他一起看一看吧。

知识探究

在营销活动中，网络广告作为内容载体，发挥着重要的作用。网络广告的站点投放，主要与企业的网站建设相结合；网络广告的其他渠道投放，主要是结合前文讲述的电子邮件营销、即时通信工具营销等进行。这两项内容在本活动中不再赘述，我们主要看一下网络广告的付费投放策略。

一、确立网络广告目标

企业要在确立目标市场及营销组合计划等的基础上，对市场竞争状况进行调查分析，确立网络广告目标。在公司发展的不同时期，网络广告的目标是不同的。以产品广告为例，可以根据产品的不同发展阶段，将网络广告目标分别定为：提供信息、说服购买和提醒使用等。简单来说，是确定希望让哪些人看到网络广告，他们来自哪个群体、哪个区域。通过对确定人群的行为习惯分析，为网络广告投放媒体的选择做好准备。

二、确定网络广告预算

网络广告预算是预先制定广告投入并合理安排的管理过程。网络广告预算是由一系列调研、分析、预测、协调等工作组成的。企业在着手编制网络广告预算之前，必须对企业所处的市场环境、竞争环境、经济和社会环境进行全面且系统的调查，同时又要对企业自身的情况和竞争者的情况进行详细的比较和研究。根据企业的预计销售数额及销售周期确定网络广告的总预算及具体的分配方案。

三、选择网络广告媒体资源

网络广告媒体资源的选择，即根据所期望的送达频率和效率，选择需要的媒体种类。网络广告媒体投放，最重要的是分析目标受众在网络上活动的路径，然后选择合适的媒体。

四、监测与评价网络广告效果

通过及时和精确的统计机制，广告主能够直接对广告的发布进行在线监控和调整。广告主可以通过第三方网络广告监测系统及时衡量广告的效果，监视广告的浏览量、点击率、回应率、转化率等指标，统计出多少人看到了广告，其中有多少人对广告感兴趣，进一步了解广告的详细信息。这些监测机制，有助于广告主正确评价广告效果，审定广告投放策略。

 活动三　体验网络广告推广

活动背景

在前面的研究中，李明已经了解了什么是网络广告，如何进行网络广告推广。为了加深对这些知识的理解，他决定寻找网络广告推广的成功案例，进一步加深对网络广告推广的感性认识。

知识探究

一、结合自身需求，选取营销方式

网络广告的目的在于向目标受众传递信息，可以说"哪里有受众，哪里就有流量"。对于广告主来说，结合自身的需求和特点，选择合适的营销方式和组合十分重要。

二、认真选取投放平台，精准定位

网络广告推广要想取得成功，平台的选取非常重要。企业要分析目标受众在网络上活动的路径，选择合适的投放平台。

喜欢查阅微信朋友圈的用户会发现，在自己的朋友圈里经常看到广告，广告和其他信息一样直接显示在用户的朋友圈中。由于微信的用户规模巨大，广告的曝光量可想而知，而且微信朋友圈广告可以实现精准投放，是网络广告投放极具吸引力的平台之一。

一汽大众在微信朋友圈进行了广告投放，效果震撼。广告指定在上海区域投放，目标明确。如图6-5所示，此次主要进行产品促销活动，其广告词中巧妙地运用了"限时"来给顾客制造紧迫感，"直销会"意在告诉顾客这次活动优惠巨大，这些广告词向顾客传达"过了这个村，就没有这个店"的思想。网络广告的外层图片设计中，用加粗的红色字体"价"字吸引了用户的眼球，让人想要了解它究竟有多大的优惠力度，突出了广告中心思想——价格优惠。图片中的几款车型让人眼前一亮，能够较好地刺激消费者的购买欲望。

图6-5　一汽大众的微信朋友圈广告内容

广告落地页设计更加简单直接，之前做好了很多的铺垫，能够点击广告的一定是对这次活动感兴趣的人群。因此，一汽大众在落地页设计上直接告诉顾客活动的时间、地点及与会经销商，需要参加活动直接点击"立即报名"即可，如图6-6所示。

图6-6　一汽大众的微信朋友圈广告落地页设计

▎▎▎ 合作实训

①李明的朋友打算近期开展店铺周年庆活动，以"苹果脆片"为主打产品，开展网络促销活动。请同学们帮助李明的朋友设计一则网络广告，并选取合适的媒体进行网络广告投放。

②根据表6-2所示的活动评价项目及标准总结自己的学习成果。

表6-2　项目评价表

评价项目	网络广告设计 （30%）	网络广告投放媒体选择 （30%）	分析、比较、讨论表现 （20%）	职业素养 （20%）
评价标准	1. 网络广告设计在色彩上冲击力强，色调选取合适；文字切中主题，吸引力强；图形设计符合产品形象，整体效果好 2. 整体设计效果一般 3. 设计效果差	1. 符合产品特点，投放效果好，曝光量高，访问量大 2. 效果一般 3. 效果差	1. 积极参与，有主见 2. 参与主动性一般 3. 不积极参与，没有主见	1. 大有提升 2. 略有提升 3. 没有提升

自己评分				
小组评分				
教师评分				
总得分				

项目小结

本项目重点完成了认知网络广告和做好网络广告推广两个学习任务。在认知网络广告的学习任务中，我们主要学习了网络广告的概念、特点和形式，对网络广告有了基本的认识，通过了解网络广告的构成要素，学习网络广告的图案设计、文字设计，能够独立设计网络广告。在做好网络广告推广这一学习任务中，我们主要学习了网络广告推广的概念、策略，会结合企业实际选取适合的网络广告投放媒体。

项目检测

一、单选题

1. 网络广告，是指广告主以网络作为广告媒体，采用多媒体技术设计制作并通过（   ）传播信息给目标受众的信息传播活动。

A. 网络   B. 市场   C. 报纸   D. 电视

2. 以下不属于网络广告特点的是（   ）。

A. 传播范围广   B. 信息容量大   C. 互动性强   D. 实时性差

3. 网幅广告又叫（   ）。

A. 旗帜广告

B. 文字链接广告

C. 弹出式广告

D. 电子邮件广告

4. 以下不属于色彩的三个基本特性的是（   ）。

A. 色相   B. 纯度   C. 明度   D. 色阶

5. 网络广告推广，是指将完成好的网络广告通过各种免费或收费渠道展现给（   ）的一种传播方式。

A. 广告主   B. 目标受众   C. 广告媒体   D. 广告形式

二、多选题

1. 网络广告的构成要素有（   ）。

A. 广告主   B. 广告媒体   C. 广告受众   D. 广告信息

2. 常见的网络广告形式有（   ）。

A. 网幅广告

B. 文字链接广告

C. 电子邮件广告

D. 弹出式广告

3. 常见的图形格式有（   ）。

A. BMP格式   B. GIF格式   C. JPEG格式   D. PSD格式

4. 网络广告的制作要特别注意以下几个要点。（   ）

A. 定位准确，具有内涵

B. 结构合理，前后呼应

C. 画面生动，语言简洁　　　　　　D. 内容变化，保持新鲜

5. 网络广告色彩设计需遵循哪些原则？（　　　　）

A. 色彩的合理性　　　　　　　　　B. 色彩的独特性

C. 色彩的艺术性　　　　　　　　　D. 色彩的相关性

三、判断题

1. 网络广告是随着互联网的普及所诞生的一种以网络为主要媒体的广告形式。（　　　）

2. 网络广告就是网络营销。（　　　）

3. 网络广告推广的目的是增加自身的曝光度以及对品牌的维护。（　　　）

4. 企业要在确立目标市场及营销组合计划等的基础上，对市场竞争状况进行调查分析，确立明确的网络广告目标。（　　　）

5. 网络广告推广只适合实力强的大企业来开展，小微企业不需要进行网络广告推广。（　　　）

四、案例分析题

根据所学的网络广告设计知识，对某品牌体重秤广告图片（图6-7）的设计进行评析。

图6-7　某品牌体重秤广告图片

项目 7　学会网络营销策划

项目概述

　　"凡事预则立，不预则废。"好的策划可以为网络营销的成功打下坚实的基础，在网络营销实施的过程中提供有效的指导。网络营销是一项复杂的系统工程，必须以系统的理论为指导，对企业网络营销活动的各种要素进行整合和优化，才能够保证营销活动的效果。在本项目内容中，将着重探讨如何进行网络营销策划。

认知目标

1. 掌握网络营销策划的概念和特点。
2. 知悉网络营销策划的步骤。
3. 熟知网络市场调研与营销分析。
4. 学会撰写网络营销策划书。

5. 知悉品牌营销策划策略。
6. 学会产品营销策划。
7. 掌握网站推广策划技巧。

技能目标

1. 能够制定网络营销策划书。
2. 能够进行品牌营销策划。
3. 能够进行产品营销策划。
4. 能够撰写网站推广方案。

素养目标

1. 具有学习网络营销策划的兴趣。
2. 具备撰写网络营销策划书的能力。
3. 具备网络营销策划岗位的工作意识。

任务一　认知网络营销策划

任务概述

经过一段时间的学习，李明对网络营销有了比较深入的了解，他打算利用所学知识帮助朋友的生态果园制定一份详细的网络营销策划书。为了能够将策划书制定好，他认真查阅相关学习资料，了解策划书撰写格式，争取为朋友制定一份高质量的网络营销策划书，也检验一下自己前段时间的学习成果。

任务分解

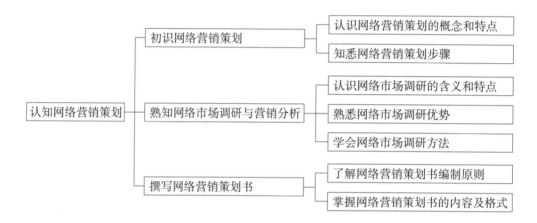

活动一　初识网络营销策划

活动背景

要进行网络营销策划，首先要了解什么是网络营销策划，它有什么样的特点，李明决定从最基础的知识入手，好好研究一下。

知识探究

一、认识网络营销策划的概念和特点

策划一词最早出现在《后汉书》，策指计谋、谋略，划指设计、筹划、谋划。策划，指积极主动地想办法，定计划。它是一种策略、筹划、谋划或者计划、打算，它是个人、企业、组织为了达到一定的目的，在充分调查市场环境及相关环境的基础之上，遵循一定的方法或者规则，对未来即将发生的事情进行系统、周密、科学的预测并制订科学的可行性的方案。

网络营销策划就是企业营销人员为了达成特定的网络营销目标而进行的策略思考和方案规划的过程。网络营销策划是网站推广、网上销售的重要手段，可以实现对客户服务的支持、对线下产品销售的促进、对公司品牌拓展的帮助。网络营销策划具有如下特点。

1. 创新性

网络营销策划的关键在于创新，没有创新的营销策划缺乏思想、灵魂，无法达成网络营销目标，无法指导企业营销人员活动。

2. 整合性

整合是指将相关联的事物联系起来，网络营销策划要注重整合内外环境中的各项内容，形成系统完整的规划。

3. 信息性

网络营销策划是企业营销人员在掌握大量而有效的营销信息的基础上进行的，没有有效的信息将导致营销策划的盲目性和误导性。企业营销人员及时掌握大量信息是网络营销策划成功实施的基础和保证。

二、知悉网络营销策划步骤

网络营销策划一般包括以下步骤。

1. 确定网络营销策划目标

明确网络营销策划所要达到的目标。明确提出网络营销活动所要达到的经济目标或者其他目标，做到能够量化。

2. 分析网络营销环境

企业内外部环境分析是网络营销策划的依据。网络营销环境分析可以采取SWOT分析法，S（strengths）是优势、W（weaknesses）是劣势、O（opportunities）是机会、T（threats）是威胁，如图7-1所示。对企业的内外部环境进行分析，有助于企业营销人员做出正确的决策。

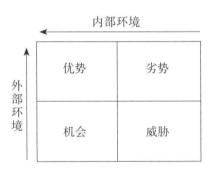

图7-1　SWOT分析模型

3. 设计具体的网络营销策略

在确定目标和环境分析的基础上，根据策划期内各时间段的特点来设计具体的策略，明确具体的行动方案。

4. 网络营销效果评估与反馈

在网络营销进行的过程中，要注意收集数据、监测活动进展情况。活动结束后，要结合目标进行分析，了解营销活动的效果以及存在的问题，为以后活动积累经验。

活动二　熟知网络市场调研与营销分析

活动背景

在对网络营销策划有了基本的了解之后，李明发现，要做好网络营销策划，首先要学会进行网络市场调研与营销分析。

一、认识网络市场调研的含义和特点

市场调研是发现和提出企业营销的问题与需求，进而系统、客观地识别、收集、分析和传播信息，提高与修正企业营销决策的一个过程。市场调研的关键是发现和满足消费者的需求。

网络市场调研，是指在互联网上针对特定营销环境进行调研设计、收集资料和初步分析的活动。企业通过网络市场调研，可以了解竞争者的状况，了解本行业的发展信息，了解与宏观环境相关的问题，从而为企业的网上营销决策提供依据与支持。

网络市场调研有如下特点。

1. 互动性

在进行网络市场调研时，企业利用即时通信工具、论坛、电子邮件等，可以随时与消费者进行沟通，不仅可以了解消费者对于现有产品的意见，还可以在产品的研发阶段就及时了解消费者的需求。

2. 及时性

随着现代通信技术的发展，网络传输速度增快，一方面调研的信息传递到用户的速度加快，另一方面用户向调研者反馈信息的速度也在加快，这就保证了市场调研的及时性。

3. 便捷性与低成本

通过互联网，用户可以在任何方便的时间和地点参与调研，不受时间、地域的制约，参与调研的便捷性非常高。对企业而言，只需要在站点上发布相关的调查问卷即可开展网络市场调研，节省了大量人力和物力。

二、熟悉网络市场调研优势

相比传统市场调研，网络市场调研具有以下优势。

1. 调研费用低

市场调研的调研费用主要体现在设计和数据处理等方面，在人力和物力上的消耗几乎为零。

2. 调研范围广

调研范围不受地域限制，被调研者在全国乃至全世界都可以参与调研。

3. 调研速度快

只需要搭建平台数据库，就可以自动的生成数据，几天就可以得出有意义的结论。

4. 调研实效性强

由于没有时空的限制，几乎可以在24小时内随时进行。

5. 访问便利

被调研者可以自由决定回答的时间和地点。

三、学会网络市场调研方法

网络市场调研的方法有很多，可以分为网上直接调研法和网上间接调研法。网上直接调研法可以分为网上问卷调研法、网上讨论法和网上观察法，其中最常用的是网上问卷调研法。网上间接调研法是指对网上的二手资料进行收集。许多单位和机构都在互联网上建有自己的网站，提供各种各样的信息，这使得网上间接调研具有可能性。网上间接调研通过搜索引擎、网络社区、电子邮件等方式收集资料。在本活动中，我们重点看一下网上问卷调研法。

网上问卷调研法是目前最为常见的一种网上直接调研方法，是指将调研问卷在网上发布，被调研者通过网络填写问卷完成调研的一种方法。

1. 网上调研问卷的组成

调研问卷一般由卷首语、问卷指导语、问卷主体以及问卷结束语四个部分组成。

（1）卷首语

卷首语主要用来说明谁在执行此项调研，调研的目的和意义何在。它的主要功效是让被调研者感到正在进行的调研项目是合理合法的、值得认真填写的。

（2）问卷指导语

问卷指导语是指向被调研者解释如何正确地填写问卷的语句。

（3）问卷主体

问卷主体主要包含问卷的题目以及备选答案。

（4）问卷结束语

问卷结束语一般表达对被调研者的感谢，要做到诚恳亲切。

2. 网上调研问卷的设计应注意的问题

网上调研问卷的设计应注意以下问题。

（1）调研问卷要主题明确，重点突出

调研问卷上的问题应该与主题密切相关，并且使所有的被调研者对此问题都有相同的理解。

（2）调研问卷的问题要符合被调研者的特征

要充分考虑被调研者的心理特点，设计满意的问卷，调动他们回答的兴趣。问卷的问题数量要适中，一般以被调研者在5分钟内能完成为宜。

（3）调研问卷的提问形式要合理恰当

调研问卷的提问形式主要有两种，一种是封闭式的，一种是开放式的。封闭式的问题会罗列出所有可能的答案选项，被调研者从中选取答案。这样的问题有利于统计，而且比较便于被调研者作答，因此在问卷调研过程中，封闭式的问题是主体。开放式问题的优点是没有明确的答案，被调研者可以自由回答。这样的问题能够给调研者提供丰富的信息，但是答案很难统计。此外，过多的开放性问题容易引起被调研者的厌烦。

（4）调研问卷中的语言要规范礼貌，表达准确

一方面对于被调研者来说，礼貌的语言能够提升其对调研者的好感，因此应该在设计中使用礼貌用语。另一方面被调研者是否能够准确理解问题并做出客观的回答，很大程度上取决于调研问卷中的问题是否表达清楚、用词是否合理准确。

活动背景

结合之前的学习与研究，李明对网络营销策划有了比较深入的了解，他打算着手撰写网络营销策划书，不过网络营销策划书应该以什么形式呈现呢？都包括哪些内容？格式有哪些要求？磨刀不误砍柴工，李明决定深入研究一下网络营销策划书的撰写要求。

知识探究

一、了解网络营销策划书编制原则

网络营销策划书是指企业或组织在以网络为工具进行系统性的经营活动之前，根据自身的需求和目标定制的个性化的、高性价比的网络营销方案。网络营销策划书，是企业开展网络营销活动的依据。在网络营销策划书的编制过程中要遵循以下原则。

1. 实事求是原则

由于策划书是一份执行手册，因此必须符合企业的实际情况、员工的实际操作能力、环境变化和实际的竞争格局等。

2. 逻辑思维原则

策划的目的在于解决企业营销活动中出现的问题，因此应当按照逻辑性思维编制网络营销策划书。

3. 简单易行原则

网络营销策划书是用于指导网络营销活动的，其指导性应当涉及营销活动中每个人的工作及各环节关系的处理，因此应当具有较好的可操作性且便于推广。

4. 创意新颖原则

网络营销策划应当具有创新性，其创意应与众不同，内容新颖别致，表现手段别出心裁。创意是网络营销策划的核心所在。

二、掌握网络营销策划书的内容及格式

1. 网络营销策划书的内容

一个完整的网络营销策划书应当包括以下五个部分。

（1）前言

前言的作用在于引起阅读者的注意和兴趣。前言的文字不应过多，但应讲明编制网络营销策划书的背景、原因和目的，阐述策划的重要性和必要性，介绍策划的概略情况等。

（2）目录

目录的作用是使网络营销策划书的结构更为清晰，便于阅读者方便地浏览策划书的内容。网络营销策划书的目录是必不可少的。

（3）正文

正文是网络营销策划书的主体部分，一般包括以下内容。

网络营销目标，即设定务实、准确、可行的网络营销目标，并且尽可能量化。

网络营销环境分析，即客观分析外部环境和内部状况，从中准确识别威胁和劣势、机会和优势。

市场分析，即详细分析企业的市场环境，评估竞争对手的状况，进行市场细分，并且确定企业的目标。

消费者分析，即分析消费者的特征、购买过程、购买行为的特征、影响消费者购买行为的主要因素等。

网络营销战略，即设定营销的差异化与定位，对产品开发、市场扩展等未来的发展进行规划。

网络营销策略，即设计网络营销的产品策略，制定定价策略和定价方案，选择和管理网络营销渠道，制定网络营销推广方案。

网络营销管理和控制，即核算网络营销预计成本费用，制定各项网络营销活动的预算，明确网络营销管理部门、人员及职责，制定相关的管理制度。

（4）结束语

结束语主要起到与前言呼应的作用，要再次强调网络营销策划方案中的主要观点。

（5）附录

附录的作用在于提供客观性的证明。因此，凡是有助于阅读者对策划内容进行理解的资料都可以考虑列入附录。附录的另一种形式是提供原始资料，比如消费者问卷的样本等。附录也要标明顺序，以便阅读者查询。

2. 网络营销策划书目录样本

目录

一、前言

（一）本策划方案目的

（二）整体计划概念

二、网络营销目标

（一）财务目标

（二）营销目标

三、网络营销环境分析

（一）外部环境分析

（二）内部环境分析

四、市场分析

（一）企业形象分析

（二）产品分析

（三）竞争分析

（四）市场细分和目标市场选择

五、网络营销策略

（一）产品策略

（二）价格策略

（三）渠道策略

（四）促销策略

六、网络营销推广

（一）网站整体规划

（二）网站推广方案

七、网络营销管理

（一）成本效益分析

（二）组织管理

（三）风险管理

（四）网络营销管理制度

八、方案调整

九、附录

合作实训

①请同学们以小组为单位，结合之前的学习内容，为李明朋友的生态果园进行网络营销策划，撰写网络营销策划书。

②以Word的形式提交策划书，并做成PPT在课堂上进行展示。

③根据表7-1所示的活动评价项目及标准总结自己的学习成果。

表7-1　项目评价表

评价项目	网络营销策划书完成及展示情况 （40%）	小组合作表现情况 （40%）	职业素养 （20%）
评价标准	1. 语言规范，逻辑性强，层次分明，环境分析科学合理，推广策略阐述清晰 2. 语言准确，有一定的逻辑性，环境分析比较合理，推广策略阐述比较清晰 3. 语言生硬，逻辑性差，环境分析简单，推广策略阐述不清晰	1. 积极参与，能提出有效的意见 2. 参与主动性一般 3. 不积极参与，没有自己的意见	1. 大有提升 2. 略有提升 3. 没有提升
自己评分			
小组评分			
教师评分			
总得分			

任务二　学会网络营销策划

任务概述

李明的朋友近期打算推出新产品——苹果脆片，但是怎样进行产品推广、品牌营销策划呢？他有点迷茫，再次向李明求助。为了帮助朋友解决困难，李明认真学习了品牌营销策划、产品营销策划的相关知识。

任务分解

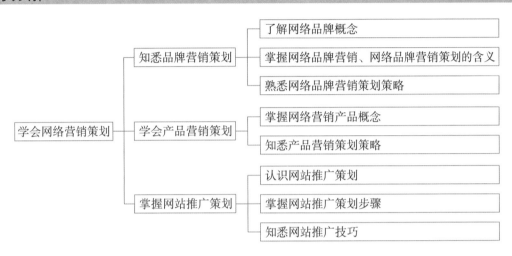

(■) 活动一　知悉品牌营销策划

活动背景

网络营销策划有很多内容，李明打算从品牌营销策划入手，帮朋友设计一个品牌营销策划方案。

知识探究

一、了解网络品牌概念

营销学专家菲利普·科特勒对品牌的定义是：品牌是一个名称、名词、符号或设计，或者是它们的组合，其目的是识别某个销售者或某群销售者的产品或劳务，并使之同竞争对手的产品和劳务区别开来。简单点说，品牌就是消费者对产品及产品系列的认知程度。品牌是企业重要的无形资产。

品牌与商标是非常容易混淆的两个概念，它们既有区别又有联系。商标是品牌的一个组成部分，它只是品牌的标志和名称，便于消费者记忆。而品牌有着更丰富的内涵，蕴含了精神文化层面的内容。商标是一个法律名词，一个品牌注册了自己的商标之后是受到法律保护的。品牌是一个经济名词，商标掌握在商标注册人的手中，品牌根植于消费者的心里。创立一个知名度、美誉度和忠诚度高的品牌，需要经过一个长期的过程，付出很多的努力。

网络品牌包含两个方面的内容，一个是互联网公司品牌，比如百度、阿里巴巴等互联网企业；另一个是品牌的网络建设，也就是把互联网作为提升企业品牌的一种手段和方式，通过增强网络形象、吸引访问者访问和留言、提供网络服务，扩大企业在互联网的宣传，提高企业的品牌知名度，塑造企业的品牌形象。我们在网络品牌营销这部分内容中提到的品牌，主要指的是品牌的网络建设。

理解网络品牌营销

二、掌握网络品牌营销、网络品牌营销策划的含义

1. 网络品牌营销

品牌营销是指通过各种营销策略使目标客户形成对企业品牌和产品认知的过程。品牌营销的关键点在于为品牌找到一个具有差异化、能够深刻感染消费者内心的核心价值，它让消费者明确、清晰地识别并记住品牌，是驱动消费者认同、喜欢，乃至爱上一个品牌的主要力量。

网络品牌营销是指企业、个人或组织以互联网为媒介，利用各种网络营销推广手段进行产品或者服务的推广，在消费者心目中树立良好的品牌形象，最终把企业的产品或服务推广出去，满足消费者的需求，同时实现企业自身的价值。

2. 网络品牌营销策划

网络品牌营销策划主要是指为企业在网络上树立品牌形象、进行品牌定位而进行的一系列策划活动。简单点来讲，就是把策划融入网络品牌营销当中去。

三、熟悉网络品牌营销策划策略

网络品牌营销策划主要包括以下几种策略。

1. 企业网站网络品牌建设策略

企业网站的建设过程当中，要充分考虑网络品牌建设，在企业网站中展示和传播品牌。如在网站上展示企业标志、文化和口号等；在内部网络中发布的广告上投放企业简介和企业新闻等有关内容。

2. 网络广告品牌传播策略

在投放网络广告时，可以附加企业的标志、品牌的名称等，在做好广告宣传的同时进行品牌推广。

3. 搜索引擎品牌推广策略

搜索引擎是用户发现新网站的主要方式之一，网站被搜索引擎收录并且在搜索结果当中排名靠前，是利用搜索引擎营销手段推广网络品牌的基础。

4. 电子邮件网络品牌传播策略

企业向客户发送电子邮件是传递网络品牌的一种手段。在保证电子邮件的核心内容完善的基础之上，企业可以利用电子邮件向客户传递品牌信息。

5. 病毒式品牌传播策略

病毒式营销对于网络品牌推广同样有效。在用户感兴趣的内容中附加品牌的信息，随着内容的自发传播，也可以达到传播网络品牌的目的。

6. 社会化媒体品牌传播策略

企业通过社会化媒体，如微博、微信、论坛、百科等与用户互动，传播企业品牌文化。企业也可以在自己的网站上建立社区聊天室等，进一步塑造网络品牌。

活动背景

产品营销对企业发展至关重要，只有完成产品的销售，企业才能实现资金的回笼，获得良性发展。那么，该如何进行产品营销呢？

知识探究

一、掌握网络营销产品概念

产品是我们生活中经常会接触到的一个概念，它有各种各样的面孔，我们正在看的书、正在使用的笔等都是产品。产品是指作为商品提供给市场，被人们使用和消费，并能满足人们某种需求的任何东西，包括有形的物品、无形的服务等。网络营销作为现代市场营销体系的有机组成部分，离开产品也就无从谈起。网络营销研究的产品是一个整体的概念，由核心产品、有形产品、期望产品、延伸产品和潜在产品五个层次构成，是传统市场营销的产品概念在互联网环境下的延伸。

掌握网络营销
产品概念

1. 核心产品

核心产品是产品能够提供给顾客的实际利益和效用，是满足顾客需求的基本所在。顾客购买的并不是产品的本身，而是产品所带来的利益和效用，而产品只是传递核心利益的载体。

2. 有形产品

有形产品是产品在市场上出现时所呈现的实体外形，包括产品的造型、包装、品质、特色、商标等。核心产品借助于有形产品展现给顾客。

3. 期望产品

期望产品是指顾客在购买产品之前，对所购产品的质量、款式、功能已经有所预期，从而形成的能满足其个性化需求的利益总称。期望产品决定了企业能否留住顾客。

4. 延伸产品

延伸产品是指企业提供给顾客的与消费相关的一系列的附加利益，包括产品的储运、安装、维修服务和质量保证等。延伸产品有助于产品核心利益的实现，促进产品的销售。如购买一部手机，企业会赠送手机贴膜、手机壳等。

5. 潜在产品

潜在产品是指由企业提供的延伸产品之外的能满足顾客潜在需求的产品，主要指产品的超值利益。如手机作为一个产品，它有多种多样的功能，在未来可能会有更多的价值，也许将成为用户的"家庭医生"等。

二、知悉产品营销策划策略

1. 产品的市场定位策略

市场定位是企业及产品确定在目标市场上所处的位置，市场定位可以塑造并树立一定的市场形象，从而使目标顾客通过网络平台在心目中形成对产品的特殊偏爱。在进行市场定位时，可以通过以下三个步骤来完成。

（1）识别潜在的竞争优势

企业必须通过一切调研手段系统地分析三个问题：一是竞争对手产品是如何定位的？二

是目标市场上顾客欲望满足程度如何以及还需要什么？三是针对竞争者的市场定位和潜在顾客的真正需求，企业应该而且能够做什么？通过对以上三个问题的研究，准确地找出自己的潜在优势。

（2）初步确定企业在目标市场上所处的位置

竞争优势表明企业能够胜过竞争对手的能力，这种能力既可以是现有的，也可以是潜在的，选择竞争优势实际上就是一个企业与竞争者各方面实力相比较的过程。比较的指标应是一个完整的体系，只有这样，才能准确地选择相对竞争优势。通常的方法是分析、比较企业与竞争者在经营管理、技术开发、采购、生产、市场营销、财务和产品七个方面究竟哪些是强项，哪些是弱项，以初步确定企业在目标市场上所处的位置。

（3）战略制定

企业要通过一系列的宣传促销活动，将其独特的竞争优势准确地传播给潜在顾客，并在顾客心目中留下深刻印象。

2. 产品的定价策略

价格是消费品价值的货币体现，是营销组合中最活跃的因素，而定价策略是市场营销组合中一个十分关键的组成部分。企业既要考虑成本的补偿，又要考虑消费者对价格的接受能力，从而使定价策略具有买卖双方双向决策的特征。

定价策略中，常见的定价方法有三类：成本导向定价法、需求导向定价法、竞争导向定价法。成本导向定价法分为：成本加成定价法、目标收益定价法、盈亏平衡定价法。需求导向定价法分为：理解价值定价法、需求差异定价法、反向定价法。竞争导向定价法分为：随行就市定价法、产品差别定价法、招标投标定价法。

3. 产品的促销策略

促销策略是指企业通过人员推销、广告、公共关系和营销推广等各种促销手段，向消费者传递产品信息，引起他们的注意和兴趣，激发他们的购买欲望和购买行为，以达到扩大销售的目的的活动。

产品的促销策略一般有以下几项。

（1）供其所需

千方百计地满足消费者的需要，做到"雪中送炭""雨中送伞"，这是最根本的促销策略。

（2）激其所欲

激发消费者的潜在需要，以打开商品的销路。

（3）投其所好

了解并针对消费者的兴趣和爱好组织生产与销售活动。

（4）适其所向

努力适应消费市场的消费动向。

（5）补其所缺

瞄准市场商品脱销的"空档"，积极组织销售活动。

（6）释其所疑

采取有效措施排除消费者对新商品的怀疑心理，努力树立商品信誉。

（7）出其不意

以出其不意的宣传策略推销商品。

（8）振其所欲

利用消费者在生活中不断产生的消费欲望来促进销售。

4. 产品的渠道策略

产品销售渠道策略是指企业为销售渠道的拓展制订合理可行计划，采取一些实惠政策鼓励中间商、代理商的销售积极性。

网络产品营销渠道需完成以下功能。

（1）订货系统

订货系统为消费者提供产品信息，同时方便厂家获取消费者的需求信息，以求达到供求平衡。一个完善的订货系统，可以最大限度降低库存，减少销售费用。

（2）结算系统

消费者在购买产品后，应有多种方式方便地进行付款，因此厂家（商家）应有多种结算方式，如信用卡、电子货币、网上划款、邮局汇款、货到付款等。

（3）配送系统

一般来说，产品分为有形产品和无形产品，对于无形产品如服务、软件、音乐等可以直接通过网上进行配送，对于有形产品的配送，要涉及运输和仓储问题。

活动三　掌握网站推广策划

活动背景

网站是企业开展网络营销的基础，是一个综合性的网络营销工具。为了提高企业网站的访问量，必须对网站进行大力度的、有针对性的推广。那么，如何进行网站的推广呢？

知识探究

一、认识网站推广策划

网站推广就是以互联网为基础，借助平台和网络媒体的交互性来辅助营销目标实现的一种新型的市场营销方式。

网站推广可分为付费推广和免费推广，即SEM和SEO两种推广方式。SEM简单来说是投钱买广告位，费用高，时效强，但是一旦停止投放就失去所有效果，一般不能作为网站长期发展的推广方式；SEO则通过搜索引擎优化技术对相关的网站页面做优化，使页面在搜索引擎上有良好的排名，从而获得流量。一旦网站页面优化有排名后，通过网站正常运营和更新页面会在搜索引擎上保持稳定的排名，但是SEO的时效性弱，需要一定的时间积累才可能会有效果。

二、掌握网站推广策划步骤

网站推广策划是网络营销策划的组成部分。网站推广策划不仅是网站推广的行动指南，同时也是检验推广效果是否达到预期目标的衡量标准。进行网站推广策划的基础是分析用户获取网站信息的主要途径。

1. 网站推广策划的含义

网站推广策划是指企业利用自己或第三方网站，对其产品、服务进行宣传推介的营销活动。广义上讲，企业从开始申请域名、租用空间、网站备案、建立网站，直到网站正式上线，就已经介入了网站推广活动。

2. 网站推广策划的步骤

（1）进行环境分析

①企业网站现状分析。通过企业网站的流量数据统计（包括流量来路统计、浏览页面和入口分析、客流地区分析、搜索引擎与关键词分析、客户端分析）、站点页面分析、网站运用技术和设计分析、网络营销基础分析、网站运营分析等，了解企业网络营销和网站推广的现状和存在的问题。

②竞争对手网站推广分析，包括竞争对手的网站现状、使用的推广方法和媒介、搜索引擎收录情况、链接情况等。

③网站推广SWOT分析。分析企业自身和网站的优劣势，以及外部的机会与威胁，明确推广的重点。

（2）设定网站推广目标

①阶段性目标，包括每天IP访问量、各搜索引擎收录量、外部链接每阶段完成量、网站的排名、关键词数量、在各搜索引擎中的排名情况、网络推广实际转化的客户数量、通过网站推广直接或间接带来的电话量目标、销售额目标等。

②明确网站推广的目标用户。列出目标用户群体，明确目标用户的特征，明确目标用户集中的平台。

（3）选择网站推广方法和策略

根据收集到的资料进行分析，确定网站推广的方法与策略，列出将要使用的推广方法，如搜索引擎营销、博客营销、邮件营销、微信营销等，对每一种网络推广方法的优劣及效果等进行分析，确定具体实施措施。

（4）拟定工作进度及人员安排

依据方案制作详细的计划进度表，控制方案执行的进程，对推广活动进行详细罗列，安排具体的人员来负责落实，确保方案得到有效执行。

（5）确认网站广告预算

要通过规划控制让广告费用发挥最大的网络推广效果，定期分析优化账户结构，减少资金浪费，让推广效果达到最大化。

（6）加强效果评估监测

利用监控工具对数据来源、点击等进行监测跟踪，帮助企业及时调整推广策略，并对每个阶段进行效果评估。

（7）制定风险防控预案

提前制定风险防控预案，当市场变化时，应实时调整、优化自己的方案，使网站推广效果达到最大化。

三、知悉网站推广技巧

1. 互联网推广

（1）搜索引擎推广

主动向各大搜索引擎提交自己的网站，让百度、搜狗等搜索引擎爬行抓取并收录网站。通过搜索引擎挖掘用户需求，然后在自己的网站上根据用户需求提供优质的网站内容，帮助用户解决他们遇到的问题。

（2）行业网站注册

主动在行业网站上提交网站信息。

（3）进行网站推广

可以在发送电子邮件、论坛和社区发帖时附加企业网站，或者将网址列入自动回复内容等。

（4）发布网络广告

在投放网络广告时，加入企业网址。

2. 传统媒体推广

说起网站推广，很多人只考虑线上推广，忽略了线下推广。实际上，广播、报纸、杂志、电视都是很好的推广方法，在传统媒体上做广告时，可以将网址和企业的商标一起作为内容主体进行投放。

企业网站推广是一项长期的工作，必须持之以恒、不懈努力，各种推广方法可以综合使用，不局限于某一种，要结合企业实际，做出最利于企业网站推广的方案。

合作实训

①李明的朋友为自己的生态果园建立了一个网站，但是网站的访问量很低，网络营销效果并不好，朋友向他求助，请他帮忙进行网站推广。请同学们以小组为单位帮李明一起出具一份网站推广方案。

②根据表7-2所示的活动评价项目及标准总结自己的学习成果。

表7-2　项目评价表

评价项目	网站推广方案完成情况 （40%）	小组合作表现情况 （40%）	职业素养 （20%）
评价标准	1. 语言规范，逻辑性强，层次分明，环境分析科学合理，推广策略阐述清晰 2. 语言准确，有一定的逻辑性，环境分析比较合理，推广策略阐述比较清晰 3. 语言生硬，逻辑性差，环境分析简单，推广策略阐述不清晰	1. 积极参与，能提出有效的意见 2. 参与主动性一般 3. 不积极参与，没有自己的意见	1. 大有提升 2. 略有提升 3. 没有提升
自己评分			
小组评分			
教师评分			
总得分			

项目小结

本项目主要介绍了认知和学会网络营销策划的相关内容。在认知网络营销策划的任务中，介绍了网络营销策划的概念、特点和步骤，学习了网络市场调研的方法，掌握了如何撰写网络营销策划书等内容。在学会网络营销策划内容中，主要介绍了网络品牌营销的含义及策略、产品营销策划的含义及策略、网站推广的含义、网站推广策划的技巧等。

项目检测

一、单选题

1. （　　）就是企业营销人员为了达成特定的网络营销目标而进行的策略思考和方案规划的过程。

A. 产品营销策划　　　　　　　　　　B. 网络营销策划

C. 网站推广策划　　　　　　　　　　D. 品牌营销策划

2. 市场调研的关键是（　　）。

A. 发现和满足消费者的需求

B. 提出企业营销的问题与需求

C. 系统、客观地识别、收集、分析和传播信息

D. 提高与修正企业营销决策

3. （　　）是网络营销策划的核心所在。

A. 创意　　　　　B. 产品　　　　　C. 操作能力　　　　　D. 逻辑思维

4. （　　）是消费者对产品及产品系列的认知程度。

A. 商标　　　　　B. 品牌　　　　　C. 域名　　　　　D. 战略

5. （　　）是产品能够提供给顾客的实际利益和效用，是满足顾客需求的基本所在。

A. 有形产品　　　　B. 期望产品　　　　C. 核心产品　　　　D. 潜在产品

二、多选题

1. 网络营销策划一般包括以下步骤（　　）。

A. 确定网络营销策划目标　　　　　　B. 分析网络营销环境

C. 设计具体的网络营销策略　　　　　D. 网络营销效果评估与反馈

2. 以下属于网络市场调研优势的有（　　）。

A. 调研费用低　　　　　　　　　　　B. 调研范围广

C. 调研速度快　　　　　　　　　　　D. 实效性更强

3. 网上调研问卷由（　　）组成。

A. 卷首语　　　　　　　　　　　　　B. 问卷指导语

C. 问卷主体　　　　　　　　　　　　D. 结束语

4. 网络营销策划书的编制原则有（　　）。

A. 实事求是原则　　　　　　　　　　B. 简单易行原则

C. 逻辑思维原则　　　　　　　　　　D. 创意新颖原则

5. 一个完整的网络营销策划方案应当包括哪些内容？（　　）

A. 前言　　　　　B. 目录　　　　　C. 正文　　　　　D. 结束语和附录

三、判断题

1. 调研问卷要主题明确，重点突出。（　　　）

2. 网络营销策划书，是企业开展网络营销活动的依据。（　　　）

3. 品牌营销的关键点在于为品牌找到一个具有差异化，能够深刻感染消费者内心的品牌核心价值。（　　　）

4. SEO指的是付费搜索引擎推广。（　　　）

5. 网站推广策划是指企业利用自己或第三方网站，对其产品、服务进行宣传推介的营销活动。（　　　）

参考文献

［1］赵轶. 网络营销：策划与推广（微课版）［M］. 北京：人民邮电出版社，2019.

［2］冯英健. 新网络营销（微课版）［M］. 北京：人民邮电出版社，2018.

［3］谭静. H5营销和运营实战从入门到精通［M］. 北京：人民邮电出版社，2019.

［4］林新伟. 短视频运营：从0到1玩转抖音和快手［M］. 北京：电子工业出版社，2019.

［5］杨坚争，杨立钒，周杨. 网络广告学（第3版）［M］. 北京：电子工业出版社，2011.

［6］靳晋. QQ营销：矩阵营销、内容营销与社群化网络营销推广策略与案例［M］. 北京：电子工业出版社，2017.

［7］刘兴隆，康咏铧，程子桉，等. "互联网+"微媒体：移动互联时代的新媒体营销密码［M］. 北京：中国铁道出版社，2016.

［8］沈超. 实战二维码营销：如何在移动互联网入口掘金［M］. 北京：人民邮电出版社，2015.

［9］向登付. 短视频：内容设计+营销推广+流量变现［M］. 北京：电子工业出版社，2018.

［10］勾俊伟，张向南，刘勇. 直播营销［M］. 北京：人民邮电出版社，2017.

［11］秦勇，陈爽. 网络营销：理论、工具与方法［M］. 北京：人民邮电出版社，2017.

［12］刘春青，梁海波. 网络营销［M］. 北京：清华大学出版社，2014.

［13］冯英健. 网络营销基础与实践（第五版）［M］. 北京：清华大学出版社，2016.